世界人権宣言の
今日的意義

世界人権宣言採択70周年
記念フォーラムの記録

Universal
Declaration
of Human Rights

監修
横田洋三・大谷　實・坂元茂樹

（公財）世界人権問題研究センター
（公財）人権教育啓発推進センター

国際書院

Significance of the Universal Declarastion

of

Human Rights in Today's World

ed. by

Yozo Yokota, Minoru Oya, Shigeki Sakamoto

Copyright © 2019 by Yozo Yokota, Minoru Oya, Shigeki Sakamoto

ISBN978-4-87791-298-7 C3032 Printed in Japan

はしがき

　本書は、2018 年 11 月 2 日に、（公財）世界人権問題研究センターと（公財）人権教育啓発推進センターの共催で、東京の日本財団ビル大会議室で行われた「世界人権宣言採択 70 周年記念フォーラム：世界人権宣言の今日的意味」の記録である。このフォーラムの趣旨については、フォーラムの案内文書において、次のように書かれている。

　「今年、2018 年は、世界人権宣言が国連総会で採択されて 70 年目の記念すべき年である。この 70 年の間に、世界人権宣言に触発されて十指に余る地球規模の人権条約が国連を中心に採択され、日本を含む多くの国の批准を得て発効している。
　ところで、世界人権宣言及びその人権規定の法的性格については、今日においても、国際法上及び国内法上も定説が確立しているとは言えない状況にある。
　このフォーラムにおいては、国際法研究者、憲法学者、実務家の代表が集まって世界人権宣言の法的性格について検討し、今日及び将来の国際社会、国内社会において世界人権宣言が持つ意義と役割について考えてみたい。」

　幸いこのフォーラムにおいては、発題者およびコメンテーターとして、国際法の分野から滝澤美佐子桜美林大学大学院教授および薬師寺公夫立命館大学特任教授、憲法の分野から高橋和之東京

大学名誉教授および木村草太首都大学東京教授、また、実務の世界から三上正裕外務省国際法局長、山内由光法務省大臣官房審議官、伊藤和子ヒューマンライツ・ナウ事務局長という、それぞれの分野においてきわめて優れた実績のある最適任の方々にご登壇いただくことができて、大変意義深い意見交換の場となった。

　フォーラムは、発題者およびコメンテーターのプレゼンテーションからなる「第1部：世界人権宣言の法的性格」（コーディネーター：坂元茂樹同志社大学教授）、および、登壇者と会場の参加者の間の質疑応答からなる「第2部：今日および将来の国際社会、国内社会において世界人権宣言が持つ意義と役割」（コーディネーター：横田洋三人権教育啓発推進センター理事長）の二部構成をとった。本書は、フォーラムにおける登壇者の発言を録音データから文字化し、登壇者の確認を得たものである。ただし、表現上または表記上監修者がある程度の統一を図った。したがって、文責は監修者にある。なお、本書の専門的性格から、各登壇者の発言は個人的見解の表明であって、所属する組織や団体または本フォーラムの主催団体、本書の監修者の意見とは必ずしも一致するものではないことをお断りする。

　読者の理解を助けるために、当日登壇者が使用したレジュメおよびパワーポイントのスライドを「資料」として巻末に付した。また、「資料」に「世界人権宣言」の日本語訳全文、「日本国憲法の人権規定」、「世界人権宣言と日本国憲法の人権項目比較表」、および「世界人権宣言に言及する主要な人権条約」を参考のために掲載した。

　本書を通して、採択70年を経て世界で最も多くの言語に翻訳され、また、最も広く人権関係の条約や宣言等で権威ある文書と

して言及されている世界人権宣言への理解と関心が深まり、その法的性格を含む研究が一層進むことを願っている。

　最後に、本書の刊行にご尽力くださった（株）国際書院の石井彰社長に、心からの感謝の意を表する。

　2019 年 6 月 1 日

監修者

横田　洋三

大谷　　實

坂元　茂樹

.

世界人権宣言の今日的意義

―世界人権宣言採択70周年記念フォーラムの記録―

目　次

はしがき　　　　　　　　　　　　　　　　　　　　　　3

主催者挨拶　　　　　　　　　　　　　大谷　　實　9

第1部：世界人権宣言の法的性格（前半）

コーディネーターのコメント　　　　　坂元　茂樹　13

発題1－国際法の観点から　　　　　　滝澤美佐子　17

コメント－国際法の観点から　　　　　薬師寺公夫　27

発題2－憲法の観点から　　　　　　　高橋　和之　33

コメント－憲法の観点から　　　　　　木村　草太　41

第1部：世界人権宣言の法的性格（後半）

コーディネーターのコメント　　　　　坂元　茂樹　49

発題3－実務（外交担当者）の観点から　三上　正裕　53

発題4－実務（国内行政担当者）の観点から　山内　由光　63

発題5－実務（法律専門家／NPO・NGO）の観点から

伊藤　和子　71

第2部：今日および将来の国際社会、国内社会において
**　　　　世界人権宣言が持つ意義と役割**

コーディネーターのコメント　　　　　横田　洋三　83

資料1　登壇者レジュメおよびパワーポイントスライド　　121

資料2　世界人権宣言　　145

資料3　日本国憲法の人権規定　　153

資料4　世界人権宣言と日本国憲法の人権項目比較表　　161

資料5　世界人権宣言に言及する主要な人権条約　　163

索引　　165

フォーラム登壇者紹介　　169

※登壇者肩書は全てフォーラム開催時のものです。

主催者挨拶

公益財団法人世界人権問題研究センター理事長

大 谷　實

　大谷　主催者を代表いたしまして、一言ご挨拶を申し上げます。本日は、公益財団法人世界人権問題研究センターおよび公益財団法人人権教育啓発推進センターの共催により、「世界人権宣言の今日的意味」と題しまして、世界人権宣言採択 70 周年記念フォーラムを開催しましたところ、大変ご多忙の中、発題およびコメントをお願いしました先生方、誠にありがとうございます。心から感謝を申し上げます。また、フロアにご来場くださいました皆さま、ようこそいらっしゃいました。

　ご案内のように、今年 2018 年は、世界人権宣言が国連総会で採択されて 70 年という記念すべき年に当たります。この 70 年の間に、国際人権規約をはじめとして多くの人権条約が採択されました。1994 年には人権教育のための国連 10 年、また、2004 年には人権教育のための世界計画が、相次いで決議されました。21 世紀が人権の世紀となりますことを世界各国が願い、人権教育が

推進されてまいりました。

　しかしながら、世界は依然として、地域紛争や自然災害、難民問題、さらには貧困など、平和と人権を脅かす事態に直面しております。

　我が国に目を移してみましても、部落差別問題や外国人等に対するヘイトスピーチ、また女性・子ども・高齢者・障がいのある人たちへの暴力や目に余る虐待が横行しております。それだけではありません。インターネット上の人権侵害や性的少数者への偏見・差別といった新しい人権問題が浮上しています。

　こうしたさまざまな人権問題の状況を踏まえまして、本日のフォーラムでは、国際法学者、憲法学者、さらには実務家の皆さまにお願いしまして、世界人権宣言の法的性格を中心に議論していただき、世界人権宣言の現代社会における意義および役割を考えることとした次第です。

　本日のフォーラムが、人権の確立、擁護にとりまして、実り豊かなものになりますことを心よりご期待申し上げ、また、お祈りいたしまして、はなはだ簡単ではございますが開会の挨拶といたします。本日は、誠にありがとうございました。

第1部

世界人権宣言の法的性格
（前半）

コーディネーターのコメント

同志社大学法学部教授　公益財団法人世界人権問題研究センター副理事長・所長

坂 元 茂 樹

坂元　皆さん、こんにちは。本日は、ようこそ、「世界人権宣言採択70周年記念フォーラム：世界人権宣言の今日的意味」にご参加いただき、心より感謝申し上げます。私は第1部のコーディネーターを務めます、坂元でございます。

　先ほど司会の方からご紹介がありましたように、2018年は世界人権宣言採択後70年目ということになります。皆さまご承知のとおり、世界人権宣言は、人権の尊重が全ての国の政府と全ての人々の行動基準となることを期待して、国連が国際的な人権基準として示した文書です。今日皆さまにお渡しした資料の中にも世界人権宣言がございますのでご参照いただきたいのですが、第1条には「すべての人間は、生れながらにして自由であり、かつ、尊厳と権利とについて平等である」と書かれています。人間の尊厳とは、人間は精神、良心、自由意思を持っており、全ての人間は人間らしく取り扱われなければならないという意味です。

人権とは、人間の尊厳に基づいて各人が持っている固有の権利です。さらには、人権は侵しがたく譲り渡すことのできない権利であるということです。

　この世界人権宣言の前年、日本国憲法が施行されました。日本国憲法の三大原則が、国民主権、基本的人権の尊重、平和主義であることはご承知のとおりであります。憲法97条では、「この憲法が日本国民に保障する基本的人権は、人類の多年にわたる自由獲得の努力の成果であつて、これらの権利は、過去幾多の試錬に堪へ、現在及び将来の国民に対し、侵すことのできない永久の権利として信託されたものである」と規定されています。

　他方で、日本は、国際社会に復帰した1951年の対日平和条約において、日本国は国連への加盟を申請し、かつ、あらゆる場合に国連憲章の原則を遵守し、世界人権宣言の目的を実現するために努力することを国際社会に約束いたしました。21世紀を人権の世紀にするためにも、世界人権宣言に示された人権基準の実現が求められていることは言うまでもありません。そのためには世界人権宣言が多くの人に知られ、実際の生活に生かされなければなりません。世界人権宣言を学び、人権という普遍的な共通の価値の存在を知り、その実現を目指す必要があります。

　最近、よくSDGsという言葉をお聞きになると思いますが、国連は2015年、持続可能な開発目標、SDGsを採択しました。そこでは2016年から2030年までの間に国際社会が達成すべき17の目標と169の具体的なターゲットと指標を設定しました。このSDGsでは、世界人権宣言の精神を引き継ぎ、開発目標としては異例の、「誰も置き去りにしない」との人権の理念が掲げられました。

第1部　世界人権宣言の法的性格（前半）　15

　本日は、このように今日でもなお大きな役割を果たしている世界人権宣言の今日的意味について、各分野を代表する先生方にご報告とコメントを頂くことになっております。報告者の方には15分、コメントは10分と、そうそうたる先生方には非常に窮屈なお願いをしておりますけれども、よろしくご協力いただければと思います。1分前にベルを鳴らすという形をとりたいと思います。

　それでは最初に、国際法の観点から桜美林大学の滝澤美佐子先生にご報告を頂きます。滝澤先生、よろしくお願いします。

発題1 国際法の観点から：
国際人権法の今日的意味

桜美林大学大学院国際学研究科
教授

滝 澤 美 佐 子

　滝澤　坂元先生、どうもありがとうございます。よろしくお願いいたします。

　私は、町田市にあります桜美林大学というところから参りました。私が所属する大学では、障がいのある学生たちも毎年入学してきます。私の授業でも手話を必要とする学生もおります。今日の集まりではこのような素晴らしい手話通訳と字幕のように映るスクリーン（パソコン要約筆記）が付いているということでとても感銘を受けております。

　本日の会場である日本財団は、国連人権高等弁務官事務所（OHCHR）と共催で、世界人権宣言の70周年を記念する催しものを国連欧州本部で開催したと伺っております。そこで行われたコンサートでは7挺のストラディバリウスを諏訪内晶子さんをは

じめとする世界的なバイオリニストらが演奏したと聞いております。日本でも世界人権宣言70周年という時に、このような記念フォーラムが開かれ、発題するようお声掛けいただき大変光栄に存じております。

　さて、今日は国際法の観点から世界人権宣言の法的性格に焦点を当てましてお話をさせていただきます。本日はレジュメの「1.世界人権宣言と国際法の関係に関する主要な学説と実行」と「2.国連機関による世界人権宣言の実施・適用」、そして「3.世界人権宣言の前文・本文の検討—時代的制約と今日的意味」の「(2)包括的な内容をもつ世界人権宣言」と、「おわりに　世界人権宣言の意味と課題、そして可能性」、のところを中心にお話しいたします。お手元のレジュメをご覧いただけましたら大変幸いです。

　では最初に、世界人権宣言はどのように扱われてきたのかについてお話しさせていただきますが、これを一言で言うのは難しいことです。まず私が専門としている国際法や国際人権法等々の講義、テキストでは、世界人権宣言の物語は必ず聞くものであります。国際法や国際人権法を専門としていない方でも、中身はともかく名前だけは聞いた、という方も多くいらっしゃると思います。

　また、20年ほど前から、世界人権宣言を美化したり、普遍性を強調しすぎているとして世界人権宣言に書かれている内容について批判的に論じる動きも見受けられるようになりました。ですから、今日のフォーラムの目的である世界人権宣言およびその人権規定の法的性格を正面から吟味するということはとても大切なことと思っています。

第1部　世界人権宣言の法的性格（前半）　19

　世界人権宣言はパリのシャイヨー宮で開かれた第3回国連総会の決議として採択された文書であり、文書番号が国連総会決議217A（Ⅲ）と付されています。国際法の法源論、つまり国際法はどのような存在形式をとるかといったときに、条約、慣習国際法が国際法の形式的法源であるとされています。一方、国連総会決議は勧告であって、今挙げた国際法の法源とは異なり、いかなる国家に対してもその意思に反して従わせる法的義務は課さないとされています。理屈から考えると、国連総会決議である世界人権宣言は、国際法上の義務を生じさせる形式的な法源ではないと言えます。しかし、国連総会決議は実質的な法源であって、将来、形式的にも法源になりうる、法慣行を示す証拠であるというような形で語られています。

　世界人権宣言が特別な位置付けをされていると専門書を見ていると感じることがあります。というのも、世界人権宣言に関するコンメンタールが存在しているからです。コンメンタールは、法律の条文の内容を解説する書物を指します。世界人権宣言のコンメンタールも、ノルウェーのアイデ（Asbjørn Eide）教授をはじめ、北欧の学者による共著で出されております。また、2013年にもオランダで国際刑事法を中心に研究されているシャバス（William A. Schabas）教授と国連人権高等弁務官事務所の協力により、世界人権宣言の起草過程についての大変詳しい資料集が出されております。こういったことは宣言と名の付く国際文書では、あまりないことです。ましてや、国連総会決議ではほとんどないことです。ですから、この世界人権宣言というのは、特別な扱いをされていると思うわけです。

　同時に世界人権宣言は、採択後20年の世界人権会議でのテヘ

ラン宣言、1993年の第2回世界人権会議でのウィーン宣言、また2000年のミレニアム宣言、2005年の世界首脳会議成果文書という国連加盟国の総意を表す重要な文書の中で、国連憲章と共に言及されて、各国が世界人権宣言の規定を認め、責任にコミットメントを示すことが何度も再確認されています。

ということで、この世界人権宣言という文書が国連総会決議であるために勧告的文書にすぎないとはいえ、どういう法的性格を帯びているかということを、少しお話しさせていただきたいと思います。

まず、「1. 世界人権宣言と国際法の関係に関する主要な学説と実行」のところですけれども、レジュメには挙げませんでしたが、国際法上の法的性質を否定するという説がなかったわけではありません。つまり、世界人権宣言は法的義務を課すものではなく、法的性質を持たないと否定する説もありました。

ただ、この説に対しての反論となる発言は、世界人権宣言の採択時にありました。フランスやチリ、中華民国、レバノンが、世界人権宣言は国連憲章と一体であると述べているのです。また、世界人権宣言の起草者の主要な一人で、フランス代表であったルネ・カサン（René Cassin）が、世界人権宣言は国連憲章の追補、すなわち国連憲章の一部であり、一体化していると述べています。つまり、世界人権宣言は、国連憲章と一体、あるいは国連憲章の解釈であると考える説があります。

それから、レジュメの（1）の「②後の人権条約の起草への貢献と人権条約解釈のための機能」ですが、これは普及している通説と言ってもいいものだと思います。世界人権宣言は、形式的に拘束力は持たないとしても、最初に起草され、国際人権法の展開

の出発点になったということは歴史的事実であって、当然広く受け入れられております。後の各種人権条約の起草の契機になり、それら条約の起草を促進する機能を持ったという説がさまざまな学術論文ないし国際法の基本書などでも書かれていると思います。

　世界人権宣言が、後の各種人権条約の起草の前提になったことで、世界人権宣言の規定が条約化し、条約文の解釈についてはウィーン条約法条約 32 条の、「解釈の補足的な手段」ということから考えますと、条約の準備作業に当たるということから、特に自由権、社会権の国際人権規約については、世界人権宣言の関連規定も解釈の補足的手段とされるということが言えるかと思います。

　さて、この世界人権宣言は、地域的な人権条約にも広く影響を与えています。具体的には、欧州人権条約、米州人権条約等々、他には、アフリカ統一機構憲章、あるいは、人と人民の権利に関するアフリカ憲章の前文等でも、世界人権宣言に留意すること、そして、それを踏まえて国際協力をすること、が書かれています。個別の条文でも、例えば、世界人権宣言 14 条 1 項の庇護を求める権利および庇護を享受する権利のうち、庇護を求める権利、具体的には庇護申請手続きを受ける権利が、欧州基本権憲章の 18 条の庇護に対する権利という形で実定法化されています。

　このように地域的な人権条約にまで世界人権宣言の内容が浸透していることは、世界人権宣言成立時に参加していなかった国々、特にアフリカの国々がそれに当てはまりますが、そういった国々にも受け入れられているということを示していることになります。

普遍的人権条約に関しては、世界人権宣言は国連が起草した主要な人権条約の礎となってきました。自由権規約、社会権規約では、世界人権宣言の自由権規定の部分と社会権規定の部分が分割されてはいますが、条約上の権利として実定法化されました。

　ただし、二つの国際人権規約では今述べた世界人権宣言14条の庇護を求める権利および庇護を享受する権利、15条の国籍への権利、17条の財産権は、除外された形になっております。世界人権宣言の内容が条文化されるということは、総会決議で宣言した権利を国際条約上の個人の権利として定めるということを示し、国家の義務を創設することになります。そのような地位を得た世界人権宣言の規定自体は、また逆に条約によって権威付けられるという関係でもあります。

　ただ、条約の常として、条約は未批准の国を法的に拘束することができないという限界があります。また人権条約に付される留保の問題もあると思います。世界人権宣言が、全ての人に、そして全ての国家に対して向けられている、となりますと、宣言が慣習国際法化しているのかどうかということで、この慣習法説というのも有力な説です。

　アメリカ合衆国の外交関係法、リステイトメントというのがありますけれども、そこで慣習国際法の下で保障される人権に、ジェノサイド、奴隷制および奴隷の取引、殺害または個人の失踪、拷問または他の残虐な非人道的または品位を傷付ける取り扱いおよび刑罰、恣意的な拘禁、組織的な人種差別、それから国際的に認められた人権の継続的かつ重大な侵害が挙げられていますが、このうち、奴隷の問題、拷問と非人道的な取り扱い、恣意的な拘禁、それから組織的な人種差別は、それぞれ世界人権宣言の

条文にもございます。

拷問の禁止に関してはアメリカの連邦裁判所において、実は慣習国際法として裁判規範として使われた例もありました。そうしますと世界人権宣言は慣習国際法というふうに言っていいのかということですけれども、宣言が全体として慣習法化しているという説もありますが、しかしながら実際には個々に検討する必要があって、部分的には慣習法化に至らない条文もあるという説もあります。

例えば先ほど触れた17条の財産権など、自由権規約に入らなかったものはどうなのか。16条の男女の婚姻解消の際、婚姻に関し平等の権利を有するという、この16条1項の後段のところはどうなのか。24条の有給休暇はどうなのか。あるいは23条の失業に対する保護などを例外として挙げる学者もいます。それらの条項を諸国家は慣習法化したとまでは認めていないということです。

もう一方で、慣習法と認められる人権は、世界人権宣言の規範内容に国際法としての法的性格を付与するということになるため、重要だろうと思います。

他にも、世界人権宣言が法の一般原則としての地位を得ているという説もあります。また強行規範という国家が逸脱を許されない上位の規範として、拷問や奴隷の禁止などを挙げる説もあります。

しかしながら日本の裁判所では、世界人権宣言を引用した例はあるものの、慣習国際法としては認めませんでした。

次に、レジュメ「2. 国連機関による世界人権宣言の実施・適用」というところをお話しします。レジュメの2ページ目に【資

料】があります。その資料1で取り上げている普遍的定期審査（UPR）での世界人権宣言の利用について指摘させていただきます。

人権理事会の中で国連の全加盟国に対する審査をすることをUPRと呼んでおり、その審査基準の中に世界人権宣言が入っています。もちろん自由権規約や社会権規約をはじめとする他の人権条約もその審査基準に含まれています。それらの人権条約は、世界人権宣言とは異なり、国際法の法源として認識されています。また、それらの人権条約を批准している国も多いため、世界人権宣言が実際に使われているかという疑問が出てきます。

では、世界人権宣言は実際に使われているのでしょうか。例えばシンガポールや、太平洋島嶼地域の諸国は、自由権規約、社会権規約をいまだ批准できていない国々が多いという現状から、UPR審査の際の基準から世界人権宣言は外せません。それから、二つの国際人権規約のうち一方しか批准していない国、例を挙げれば自由権規約のみ批准しているアメリカのような国にも同じことが言えます。

レジュメ2.の「(2) 安全保障理事会決議を通じた実施の要請」、これはナミビアにおける労働者の権利の問題についての例の1件だけです。安保理決議310号で当時まだナミビアを編入していた南アフリカ共和国とナミビアに展開する企業に対して、ナミビアにおけるアフリカ系の労働者に対して世界人権宣言を守るよう要請したという例があります。「(3) 国際司法裁判所の判決」についても、慣習国際法としての力を得たことを認めるとする判事の個別意見などがあります。

レジュメ「(4) 国連の平和維持活動（PKO）ミッションによ

る実施」については、国連東ティモール暫定統治機構（UNTAET）における例では、東ティモールの移行期において公務に携わる者全てが尊重すべき国際的に認められた人権基準の一つに数々の人権条約と並んで世界人権宣言が挙げられています。レジュメ「(5) 国連を介する企業やNGOのコミットメント」については、ビジネスと人権に関する指導原則との関係で、企業が責任をもって尊重するべき国際的に認められた人権として世界人権宣言が含まれていることも、大変興味深いと感じています。

　以上のように、世界人権宣言は、人権条約や慣習国際法として実定法化している部分が多いという意味で法的性格を得ています。同時に、国連の諸活動においては、例えば慣習法化したかどうかを問わず世界人権宣言の諸規定を特に区別をつけずに用い、また、実施を要請するということがあるということです。

　おわりにお話ししたいのは、この世界人権宣言の規範内容の特徴についてです。世界人権宣言の特徴としては、自由権も社会権、経済権、文化権も含み規範の内容が包括的であるということが第一に挙げられます。第二に、権利の保障される空間が国家のみならず、社会、家族、社会集団、団体、国際共同体、また、企業まで含まれており、そのことは国家のみならず企業や個人にも人権保障の義務を課しているということです。第三に、世界人権宣言はこれまで述べましたように、国際法、国内法のさまざまな法源に取り込まれるという形で法規範性を得ているということも大きな特徴の一つであります。

　世界人権宣言に向けられる批判として、個々の人権状況に寄り添った人権になっていないということが指摘されてきました。具体的には、女性の問題、子どもの問題、または難民や移民との関

係も挙げられます。世界人権宣言の権利は、人間の尊厳を出発点としていますが、自然権的権利という構成は必ずしも取らず、国家や社会の中で保障されるという法の支配を前提とした構造のため、世界人権宣言第2条に「本宣言の掲げる諸権利を持つ権利」で保障されているにもかかわらず、一つの社会や共同体、国家、あるいは法の支配を離れたところでは、権利を持つ権利ということさえも否定されてしまうということが問題となると思います。

批判を挟んだ最後に、この世界人権宣言の特徴として、最も重要だと思うのは、全ての個人について人権の権利享有者であることを認めたということと、そして、前文と29条から明らかなように国家のみならず社会の団体や個人にも人権尊重の義務があることを定めたことです。

世界人権宣言の前文の最後に「これらの権利及び自由に対する共通の理解は、この誓約を完全にするためにもっとも重要であるので」とありますが、この共通の理解は、最後の段にあるように「教育によって」促進するという点も重要ではないかと思います。人権教育や人権学習を通して、人権を促進させることも世界人権宣言は示していると思います。

ありがとうございました。

坂元　どうもありがとうございました。大変窮屈な時間でご発表をお願いしてしまい、大変失礼いたしました。

それでは引き続きまして、世界人権問題研究センターの理事をお務めで、先頃まで国連の強制失踪委員会の委員をお務めであった、立命館大学の薬師寺先生にコメントをお願いします。よろしくお願いします。

コメント：国際法の観点から

世界人権問題研究センター第5
部部長、立命館大学特任教授
　　薬　師　寺　公　夫

薬師寺　ご紹介いただきました薬師寺と申します。よろしくお願いいたします。

　今、滝澤先生から世界人権宣言の国際法的側面の全体像と言いますか、フレームワークをご説明いただいたと思いますので、問題を三点に絞ってコメントさせていただきます。

　一つは、いきなりこういうところから入るのは失望させるかも分からないのですが、実定法という点から言って、この世界人権宣言というのはどういう法的効力を持っているかという点についてです。国内裁判所の立場というのは極めて鮮明で，例えば最高裁の塩見訴訟判決は、世界人権宣言は社会権に関して、いわゆる加盟国に対して法的拘束力を持っておらず、従って裁判所では、これ自体としての法的意味はない、意味が全くないという意味ではないでしょうが、そういう扱いです。

　先ほど既に坂元先生から、この宣言を作る際のいきさつの話

で、宣言自体は拘束力を持つものとして作られたものではないという点についてご説明がありましたので繰り返しません。

　我が国は既に国連が採択した主要な人権諸条約の当事国であり、日本に法的な拘束力を有する人権諸条約を批准しています。従って、憲法98条2項に基づいて、こういう条約が国内法上一般的に受容されており、その国内的効力とか自動執行力が問題になってまいります。そこで、世界人権宣言そのものに法的拘束力がなくても、「箱」としては問題ないかなと思います。ただ、「箱」と、そこで語られているルールの「中身」、これはやはり区別して話をする必要があるのではないかと思われます。

　他方、世界人権宣言ですので、その国際的な意味も問われます。もっとも裁判規範、法廷を前提にした場合、国際的な場面でも世界人権宣言という拘束力を欠く文書についての法的評価はかなり厳格でそれほど頻繁に援用されるわけではありません。

　しかし、この宣言が判決で援用された例があります。二例を挙げます。テヘラン事件[1]と訴追かまたは引き渡しかの義務事件[2]における国際司法裁判所の態度を見ていきたいと思います。テヘラン事件は、アメリカの大使館が占拠され大使館員が人質に取られ拘束された事件です。これ自体がウィーン外交関係条約に違反することは、はっきりしているのですが、判決はその違反の効果を論じるくだりで、「違法に人間から自由を奪い、困難な状況の下で身体を拘束するということは、それ自体、明白に国連憲章の諸原則並びに世界人権宣言に宣明された基本的諸原則と両立しない」と述べています。この後、外交関係条約に定める外交官の特権免除は非常に重要なものであるが、これを破ったこと、しかも悪質な破り方をした、ということを判示していますが、先ほど読

んだ一文の法的意味をどのように国際司法裁判所（ICJ）が考えていたのか、この点は必ずしも明確になっていません。

　つまり、ここでいう基本的諸原則の違反は、例えば、人道の要請と同じような意味で使っているのか、必ずしもそうではないと思いますが、そういう点で、少し含みを残す言い方かなと思います。

　他方、訴追かまたは引き渡しかの義務事件で問題になったのは拷問禁止規範です。この判決では、拷問禁止は既に慣習法になっているということと、それはユス・コーゲンス、強行規範だという、この二点を証明しようとして、やはり世界人権宣言を持ち出しているのですね。それだけではありませんが、「広範な国家実行」と「法的信念」という二つの要素があれば慣習国際法と認められるのだけれども、拷問禁止が慣習法であることを証明するために、拘束力がそれ自体としてはない世界人権宣言を援用している。そこに一つ意味があるのではないかと思います。

　つまり、拷問禁止は、それまで各国の憲法において集積してきた規範を世界人権宣言で確認し、それがさらに各国の憲法に影響を与えた、そういう動的なものとして捉えられている点が、一つの鍵ではないかと思います。

　これ以外にも、世界人権宣言に依拠しようとした事件は幾つかあります。ディアロ事件[3]もそうです。しかしこの事件では，原告が世界人権宣言に基づく主張を途中で撤回し、両国を拘束する人権条約を持ち出したために、裁判所も自由権規約やアフリカ人権憲章の違反を認定したというケースです。そういう点では、世界人権宣言の人権が具体的な人権条約に受け継がれて法的拘束力が認められれば条約の人権の方が援用されるということですが、

国際裁判規範としてはそのとおりかと思います。

　次に、国際的な場面から見た場合の、世界人権宣言の、動的な、と言ったら少し大げさかもしれませんが、行為規範としての意味についてです。

　1993年の世界人権会議においてウィーン人権宣言が採択されましたが、このウィーン宣言の世界人権宣言に対する評価の仕方について申し上げます。前文9項にあるのですが、それは「世界人権宣言は人権の発想の根源である」と述べています。私は、これは非常に重要な点ではないかと思っています。

　もう一つは世界人権宣言が、その後の人権基準の設定をけん引する国連の礎となってきたという点です。おそらく滝澤先生はこれについて限界と創造性という言葉で述べようとされたのだと思います。つまり世界人権宣言が持っている非常に重要な点は、個人の尊厳という一番の基本を据えたということです。だから、その後の人権理事会のいろいろな決議の中に、必ず世界人権宣言への言及が入ってくるということになります。

　例えば、LGBTという新しい人権問題でも、それが世界人権宣言に書いてないではないかと言われた際に、こうした人権は個人の尊厳から発出しているのだということが言えます。世界人権宣言はこういう重要な意味を持っているのだろうと思います。従って国別決議を人権理事会が採択する場合にも、人権が守られていない国を非難する場合も、先ほど滝澤先生が指摘された点ですが、必ず世界人権宣言が引用されるというわけです。それには人権の尊重が個人の尊厳に由来するという意味があるのだろうと思われます。

　次に普遍的定期審査（UPR）という国連憲章をベースとする

人権の監視活動ですが、この中に世界人権宣言が入っているのですね。条約ではないのに、なぜ世界人権宣言が出てくるのか。それは、全ての国が人権条約の締約国となっているわけでなく、そういう国に対しても世界人権宣言が規範として重要な意味を持っているということを言おうとしているのだと思います。

　例えば、サウジアラビアが近々第3回目の審査を受けるのですが、カショギ氏[4]の問題がイギリスから提起されています。サウジアラビアは自由権規約にも社会権規約にも入っていません。だからイギリスは世界人権宣言の条文を示してこれに違反しているのではないかと指摘しています。ただ、マレーシア、カタール、南スーダン、北朝鮮といった国際人権規約を批准していない国や脱退したと主張している国に対して、UPRは常に世界人権宣言に依拠しているかといえば必ずしもそうではありません。

　もう一例、国連がしばしば世界人権宣言を活用している例を挙げます。その最たる例が恣意的拘禁に関する作業部会です。同作業部会は、世界人権宣言6条を根拠に、条約に基づくことなく個人から通報を受け付けて調査し、世界人権宣言6条の違反があればその指摘をするという活動を行っていますが、ここでは世界人権宣言が生きているわけです。

　しかも重要なことは、他の人権機関、例えば拷問等禁止委員会や強制失踪委員会などと協議をしつつ、作業部会で提示された基準が次に条約の解釈の中に取り込まれていくのですね。このように、新たな基準を作っていく面を持っているという点は、国際的規範の形成という動的な面から見たときの、重要な側面として見ておく必要があると思います。

　もう一点残っておりますが、これは2部の方に回させていただ

きたいと思います。どうもありがとうございます。

坂元　どうもありがとうございました。国際法の観点から、お二人の先生にお話を頂きましたけれども、時間の関係で準備したことの半分もお伝えできないという結果になり、改めて司会者としてお詫びを申し上げます。

それでは引き続きまして、憲法の観点から、お二人の先生にお話を頂戴しようと思います。

まず東京大学名誉教授の高橋和之先生にご報告を頂戴したいと思います。高橋先生、よろしくお願いします。

〈注〉

1　1979 年、イランのテヘランにあるアメリカ大使館が占拠され、大使館員等が長期にわたり拘束された事件。

2　ベルギーが、拷問等を行ったとされる元チャド大統領について、亡命先のセネガルに対して引き渡し等を求めた事件。ICJ への提訴は 2009 年。

3　ギニアが、同国国籍を有する事業家のコンゴ民主共和国による逮捕・拘禁等について 1998 年に ICJ に訴えた事件。

4　サウジアラビアのジャーナリスト、ジャマル・アフマド・カショギ。2018 年 10 月、トルコの同国領事館で行方不明。

発題2　憲法の観点から：
世界人権宣言の法的性格

弁護士、東京大学名誉教授

高　橋　和　之

　高橋　私に与えられましたテーマは、世界人権宣言の法的性格について憲法学の観点から問題提起をするということです。そこで、仮に世界人権宣言が国際法上法的効力を持たないということになりますと、憲法学から論じる点がなくなりますので、一応、取りあえずは、国際法上法的効力が認められているという前提で考えた場合に、国内法上どういう問題を憲法論として考え得るかということをお話しさせていただきたいと思います。

　憲法学上最も関心が高いと思われますのは、国内裁判所においてどのような救済を受けることができるかという問題ではないかと思いますので、そこにたどり着くまでに理論上直面するだろう幾つかのバリアを順次追う形でお話ししたいと思います。その結果、世界人権宣言が理念として持っているもの、理念としてどう

いう効果を発揮しているかということを全く捉えきれていない、実定法主義的なお話になるかと思いますがお許しください。

最初に直面するのは、世界人権宣言の国内法への編入という問題でありますが、この点については、日本国憲法は、いわゆる変型方式ではなくて一般的受容方式を採用しているというのが通説になっておりますので、特に問題は生じることはないと思います。

次に自動執行力の問題です。一般的に受容方式で編入された後に、次の問題として国際法学の方でいろいろと論じられているのですけれども、その重要なものとして、自動執行力あるいは直接適用可能性があるかどうかという問題ですね。これについて私は十分に理解していないのではないかという恐れを持っているのですけれども、例えば山本草二先生の『国際法』という本を参照しますと、こう書かれているのです。条約の中には国内法による補完、具体化がなくとも、内容上そのままの形で国内法として直接実施され、私人の法律関係について国内の裁判所と行政機関の判断根拠として適用できる条約というものがある。自動的執行力のある条約というふうに呼んでいる、こういう説明がなされております。

これを前提に憲法学の方から見ますと、ここには二つのポイントがあると思います。第一は、国際法というのは原則的には国家の権利義務を定めるものでありますが、例外的に私人の権利義務関係を定めるものもあり、それが国内法による補完、具体化なしに直接実施されるということですね。これが第一のポイント。第二のポイントとしては、それを国内裁判所が直接適用できるのだということです。この第二のポイントに関連しては、国内的な編

入がなされてしまえば国内法として効力を持つわけですからそれを国内の裁判所が適用できることは当然で、特に憲法上議論することはないかと思いますが、私がより注目するのは、この第一のポイントでありまして、自動執行力のある条約というのは、私人の権利義務関係を直接定めるものだと言われております。

　私の気になるのは、このことの射程です。私人の権利関係というものは、二種類に区別できると思いますが、一つは国家と私人との間の権利義務関係で、もう一つは私人と私人との間の権利義務関係です。前者は公法関係、後者を私人関係と取りあえず呼ぶことにいたします。ご承知のように憲法の保障する人権はその適用範囲を公法関係に限定されております。そのために私人間における人権保障という問題が、人権の私人間効力論とか、第三者効力論という問題設定として憲法の方では論じられているわけです。仮に条約の自動執行力という問題が私人間まで視野に入れた議論であるといたしますと、国際人権の諸条約に自動執行力が認められた場合、憲法学におけるこの問題設定は、ほとんど無意味になるだろうと思います。

　従って、世界人権宣言は条約ではないとしても理論上は同じ問題となるのではないかと思いますが、世界人権宣言が、あるいは人権宣言の中の幾つかの規定が自動執行力を持つかどうかということは、憲法学の方から見ると非常に重要な問題になってくるということです。これは、また後に触れることにします。

　さて、次の問題として検討を要しますのは、世界人権宣言が国内編入されて自動執行力を持つとしまして、国内法の形式的効力の段階構造の中でどこに位置付けられるのかという問題です。通説は、憲法と法律の中間に位置すると解しておりこれでもう確定

しているのですけれども、いろいろ考えてみると難しい問題をはらんでおります。

憲法と条約の上下関係、条約と法律の上下関係と二つに分けて検討する必要があります。まず憲法と条約の関係では、通説は憲法優位説をとっております。その根拠として、憲法が条約に対する授権規範であるということが挙げられます。授権規範というのは授権される規範と比べると当然上にあるでしょう。これが一つの根拠ですね。

もう一つは、国内法の形式的効力の上下関係というのは、主権者である国民からの距離と制定手続きの重さ、こういう形式的な基準によって決まるとされますけれども、憲法については憲法制定権が国民にありますし、憲法改正には国民投票が要求されているということで、これと比較すると、条約の承認には国会のみが関係するということですから、当然、憲法が上だということです。こういう根拠が示されております。

これに対して、条約と法律の関係の問題ですけれども、この問題についても、今、憲法と条約との上下関係に関する議論や考え方を参考にして考えてみますと、授権規範との関係で言えば、憲法が授権規範で、条約も法律もそれによって授権されているということです。このこと自体からはどちらが上かは言えないですね。では国民からの距離と制定手続きの重さはどうかと言うと、この点では明らかに法律の方が重い手続きです。そうすると、それは条約より法律の方が上だろうということになりそうです。しかし、通説は、いやいや条約の方が上だとしています。形式的基準を乗り越える何か実質的な基準が考えられているということなのですけれども、私にはそれがよく分かりません。

第1部　世界人権宣言の法的性格（前半）　37

　一つは、憲法98条2項で条約の誠実遵守義務をうたっていることだろうと思います。条約を特に重視してそういうことを規定しているのだから法律より条約の方が上だというわけです。しかしこの規定は、別にそういう上下関係を言っている規定ではないという反論もありまして、決め手にはなりません。

　それからもう一つの根拠として、憲法制定議会でどちらが上かという質問があり、政府は条約が上だという答弁をしているということがあります。もちろんその実質的根拠というのは、戦前日本が条約をあまり尊重しなかったのでそういうことを改めて、日本国憲法の下ではきちんと条約を守っていきますよということを宣言しているものなのだ、だから、条約が上だ、こういう説明なのですね。それはそれで納得はできるのですが、しかし、ちょっと待ってください。憲法と条約との関係の議論では、そういう議論はなく、形式論だけでした。なぜここで、そういう実質論をここにだけ持ってくるのでしょうか。歴史的経緯から言えば、日本は憲法にも増して条約を尊重しますということを対外的に宣言したという理解も十分可能ではないか。そうすると、この根拠は、どうも憲法優位説に跳ね返ってきて不利に働くのではないか。

　実際上、非常に有力な条約優位説というのが憲法と条約との関係でありまして、これは戦後の大御所である宮沢俊義の説ですね。通説は憲法優位説ですけれど、宮沢俊義は条約優位説を唱えていて、その根拠の一つとして、そういう戦前からの歴史的経緯ということを強調しているのです。

　ですから、条約と法律の上下関係については、あまりきちんとした説得力ある議論ができていないと思います。全体として整合性がある説明が憲法学としてできているのだろうかという疑問が

残っているということです。

　その点はその点として、次の方に入っていきたいと思います。国内法において世界人権宣言が果たす役割という問題ですが、条約の上位にある憲法が人権を保障している以上、国際人権に国内法上意味があるのだろうかという、そもそもの問題が出てくるだろうと思うのです。憲法に規定があるのだからそれ以上必要ないのではないのか、という疑問ですね。こういう疑問に対して出てくる有力な答えは、国際人権が憲法上の人権がカバーしていない範囲まで保障している、というものです。もしそうならば、条約は一応法律の上にあるというのが通説ですから、憲法が統制していない範囲において条約が法律を統制するのだ、こういう非常に重要な役割を果たすことになるのだという説明になるのですね。これが、私自身も、非常に重要な点だろうと思っているのです。

　それとの関連で、世界人権宣言がどういう役割を果たし得るかということですね。条約としての国際人権条約は幾つかありますね。これらの条約は世界人権宣言よりも明確に法的効力を持っていますから、もし人権条約がカバーしているならば、世界人権宣言を持ち出すまでもないということになります。そうすると、世界人権宣言の役割を考える場合に非常に重要になるのは、憲法がカバーしていないところをカバーしているかどうかという問題だけではなく、国際人権条約がカバーしてない部分を果たしてカバーしているのかどうかということです。もし憲法以上にカバーしているものがないとすれば、あまり意味がないということになってしまいます。

　それを考える場合、一つ重要な問題になってくるのが、私人間効力論の問題で、先ほど言いましたように、憲法は私人間を直接

カバーしておりませんが、もし国際人権、つまり世界人権宣言あるいは国際人権条約が私人間の問題をカバーしているということになりますと、これは非常に役立つかなと思います。

しかし、そういう解釈が果たして可能かどうか。それは世界人権宣言の法的性格を憲法に近いものと見るのか、法律と近いものと見るのかによって違ってきます。憲法に近いものと見るならばこれは国家しか統制しないということになりますし、法律に近いものだということになると、法律は私人間もカバーしますから法律上の権利と同じように国際人権は私人間をカバーするということになるということです。果たしてどちらの解釈が良いかという問題が残されているということであります。

いろいろ大急ぎでしたけれども、憲法学から見た場合の問題としては、こんなことが考え得るのではないかなと思います。以上であります。

坂元 高橋先生、どうもありがとうございました。

それでは引き続きまして、首都大学東京の木村草太先生にコメントをお願いいたします。木村先生、よろしくお願いします。

コメント：憲法の観点から

首都大学東京法学部法学科法律
学コース教授

木 村 草 太

木村 木村でございます。実は私の指導教官は高橋和之先生でございまして、私がコメントするのは大変不遜ですけれども頑張りたいと思います。

今高橋先生の話を伺いまして、改めて原理原則、定義から導き出される、非常に明快なご議論であったなというふうに思います。

コメントを幾つかということですが、まず高橋先生のご報告にありましたように、国際人権法というものが果たして日本の実定法体系の中でどこに位置するのか。憲法、条約、法律の関係で、どのような関係にあるのか。憲法と法律の間にあるというのが通説ですが、そのような位置付けについて、なぜそうなるのかということのきちんとした説明が憲法学の中でないというようなご指摘がありました。

一応、条約は法律に優位する位置付けは与えられていることが

多いわけですが、ただ実質的に考えていきますと、一口に条約といっても、あるいは国際人権のさまざまな規範といっても、非常に重く見られるものもあればそうでないものもあると私としては見ております。

　例えば、よく言われることですが、日本においては日米安全保障条約や、そのための日米地位協定という条約は極めて重大な意義が与えられておりまして、それに基づく取り扱いというのは、社会の中にも、あるいは法律実務の現場においても非常に強力で、例えば沖縄などに行きますと、日米地位協定は憲法よりも強い効力を持っているように感じるというような指摘があったりするわけでございます。

　他方、国際人権につきましては、例えば世界人権宣言と違って法的効力が真正面から認められている国際人権規約について見ても、では日米地位協定ほどの権威というものを持っているかというと、いささか怪しいように思います。

　具体例を例えば一つ挙げてみたいと思いますが、昨年、高等教育まで無償教育を導入するという憲法改正をしてみたらどうか、ということが与党の党首によって提案されたりいたしました。これは大変注目が集まったわけですが、一方、社会権規約の方の13条には、既に中等教育、高等教育まで漸進的に無償化を導入しなくてはいけない、というようなことが規定をされておりまして、日本政府はこの部分を長らく留保しておりましたが、2012年の9月に留保を撤回しております。

　そうすると、そもそも高等教育までの無償化というのは、国際人権法上は、日本国、日本政府の義務になっており、そして、それは憲法改正が提案された昨年よりもはるか昔、5年前には、既

に法的効力を持つものとして留保も撤回をされていたわけです。このこと自体、もちろん外務省のホームページにはきちんと掲載されているのですが、国内の政治・行政において、どれだけこのことが知れ渡り、そしてそれが実現されているか、これは効力という面では非常に弱い形でしか受容されていないように思います。

このように見ていきますと、条約が法律よりも上にあるというふうな位置付けが一応与えられているはずなのですが、その内容によっては非常に弱く、ほとんど無視をされているものもあれば、非常に強い効力もあったりするものもあるということで、その点でもなかなか整合性の取れていない状況にあると思います。

次に、世界人権宣言の難しさというのは、人権規約等の国際人権条約と違い、法的効力が国際法上もないものとして作られているという点があろうかと思います。そのために、世界人権宣言が裁判規範として使われていく場面は非常に少ないというか、あまり裁判規範としては有効ではない、こういった点は薬師寺先生のコメントや高橋先生の報告にもあったところでございます。

ただ、人権宣言というものの意味が、裁判規範として、強制規範として使われるという点に尽きるのかというと必ずしもそうではないはずで、世界人権宣言に規定があるということは、それは、例えば日本の憲法や法律、あるいは外国の憲法、あるいは条約もそうだと思いますが、世界人権宣言がそこに規定されている人権の取り扱いを権威付けるという面があること、この点は先ほど滝澤先生からもご指摘があったところでございます。

憲法学の世界には照射効というのがありまして、ドイツの私人間効力に関する議論なんかで出てくる議論なのですが、照射効というのは直接何か力を加えるということではなくて、赤外線が体

を温めるように、それがあることによってじわじわと、直接法的効力がばしっと決まるというわけではないのだけれども、それがあることによって人々の意識が変わったりとか、法の解釈、運用の仕方が変わったりする、そのような形で何か社会に力を発揮していく、そういったようなことを表す言葉です。照射効、照らして温める、そういう意味の効果で、これは世界人権宣言の非常に重要な意義であるかと思います。

　そして高橋先生からは、日本には人権条項がかなり充実した憲法があるので、国際人権法や世界人権宣言というものを、憲法に書いてある部分については取り立てて参考にする意味はなく、重ならない部分について意味が出てくるのだというお話がありましたが、国際人権に目を向けることは、人権条項が充実した憲法を持つ国においても無意味ではないように思われます。それは先ほどの照射効のような形でということでありますが、やはり国内法的な人権問題への関心と、世界的な規模での人権問題への関心というのはずれることもあるわけです。それはどちらが良いということではなく、国内法的な関心から新しい問題に目が向けられることもあれば、国内の頭で凝り固まっていて気付かなくなっている人権問題を外からの指摘でああなるほどと気付くことができる場面もあるということでございます。

　例えばイギリスの例を見てみますと、イギリスは人権の母国という自負のある国で、欧州人権条約に加入するときも、この条約のお世話になること、あるいは欧州人権条約に基づいて設置される欧州人権裁判所のお世話になることはそれほどないのではないかという楽観論があったと言われますが、現在イギリスは欧州人権条約加盟国中、人口当たりの人権裁判所への出訴率、そして人

権裁判所での敗訴率、いずれもヨーロッパワースト一位でございます。

　これはなぜかというと、イギリスにはそもそも憲法がなく、違憲立法審査の仕組みがないので国内的な手続きをとることができず、人権問題が起きてしまうとすぐヨーロッパ人権裁判所に行ってしまう。そしてヨーロッパ人権裁判所の判決の形で、ここはおかしいのではないかと指摘される。こうした形で、イギリスは人権の母国であり自由の国であるという自負を持っていながら、外からの問題意識によって人権状況を改善していけるという点があるわけでございます。

　この点は、実は日本についても同じようなことがあり得るのではないかと思います。日本は、ヨーロッパ人権条約のように人権裁判を外国の裁判所で受けるような条約には参加していないわけですが、例えば夫婦別姓問題、これは訴訟になったときに高橋先生が意見書を出されておりましたが、夫婦別姓をいまだに制度上選べないといったことですとか、あるいはヘイトスピーチの問題、女性差別の問題、あるいは今同性婚を認めてLGBTの権利を拡大していくという機運が世界的に盛り上がっている中で、日本法はこの点に対する担保が非常に遅かったりするわけですが、そうした点について、国際人権に目を向けることは非常に重要なのではないかと思います。

　では国際人権とりわけ世界人権宣言が照射効、つまり社会において、これを参照することによって人権の問題に気付けるようになる、このために何が必要かというと、やはりみんなで条文を読むということが重要であります。最近道徳が教科化されたわけですが、道徳の教科書を読むよりも、まず世界人権宣言をみんなで

読んでみるというような試みをした方がよっぽどいいのではないかと私は思います。

　一つだけ私の試みを紹介しますが、ある小学校で人権についての講演を頼まれたとき「人権のビンゴ」というのをやってみました。世界人権宣言や国際人権、憲法の条文を要約したものを配りまして、それをビンゴ表にみんなで入れてもらって、私が今からお話をしますので、権利が行使できそうな場面が来たら、手を挙げて権利を行使してくださいと、こういうふうに言ってみました。

　例えば、「ある人が遠足の途中で消防車にひかれてしまいました」というとき、「憲法17条の国家賠償請求権を行使できます」、と言うと、ビンゴ表の「17条」に丸が付くというようなものです。こうしてお話をしながら権利を使うというのはどういうことかを学ぶ。このようなことで、道徳教育に代えて人権教育をしていけば、世界人権宣言の意味も理解できるようになっていくのではないかと思います。

　坂元　木村先生、どうもありがとうございました。私は国際法を専攻しておりますので、憲法の先生方のご議論、もっとお聞きしたいのですけれども、急がせてしまい、大変失礼いたしました。お許しいただければと思います。

　それでは、お二人の先生に、もう一度大きな拍手をお願いいたします。

　本日ご登壇いただきました四名の先生方のお話により、世界人権宣言を新たな視点から捉える必要性を教えていただいたような気がします。この点については第2部でさらに議論を深めていただければと存じます。

第1部

世界人権宣言の法的性格
（後半）

コーディネーターのコメント

坂 元 茂 樹

　坂元　それでは第1部の後半のセッションに入りたいと思います。セッションに入る前に、どういうことがこれから話されるのかということについて、ご説明をしたいと思います。

　前半のご議論でありましたように、世界人権宣言は国連総会の決議ですので、法的拘束力はないと言われておりますけれども、採択後国連はその内容を法的拘束力ある文書にした国際人権規約を1966年に採択し、その後も人種差別撤廃条約をはじめ数多くの人権条約を採択しております。日本はこれらの人権条約の締約国になっております。

　人権条約の大きな特徴は、締約国の条約履行を監視する監視機関、モニタリング・ボディー（monitoring body）が存在し、締約国は定期的に履行状況の審査を受けることになっています。こうした履行状況審査の取りまとめに当たっているのが外務省であり、本日は大変ご多忙の中、三上正裕国際法局長にご登壇いただくことになっております。

　本日は何度も2018年は世界人権宣言70周年の記念の年と申し上げておりますけれども、法務省に人権擁護局が設置されましたのが1948年であります。当時「じんけん」と聞いて、ヒューマンライツではなくて、人絹（レーヨン）といった、人工の絹糸を

思い浮かべる国民が少なからずいたことを考えますと、人権尊重の理念は広く国民に浸透していると思います。そこには、人権擁護局による人権擁護施策が寄与した点が少なからずあったように思われます。

世界人権宣言8条は、「すべて人は、憲法又は法律によって与えられた基本的権利を侵害する行為に対し、権限を有する国内裁判所による効果的な救済を受ける権利を有する」と述べて、裁判所が人権侵害の救済機関としての役割を果たすことを求めています。しかし、重大な人権侵害を受けている人々全てが、直ちに裁判所に訴える立場にあるわけではありません。深刻な人権侵害に遭っている人々であっても、具体的な法律に抵触しなければ裁判所は動かないからであります。事実行為に基づく人権侵害に遭っている人々にとっては、簡易かつ迅速に権利を回復するための機関が必要です。

法務省の人権擁護機関による人権侵犯事件の調査救済制度は裁判的救済が困難な人権侵害に広く利用でき、今日でも人権救済手段として独自のかつ重要な機能を果たしていると言えます。こうした機能を果たすことを可能としているのは、人権擁護局が、その設立の初期の段階から、警察官など公務員による人権侵犯事件のみではなく、私人相互間の人権侵犯を積極的に取り扱ってきたからであります。その中核に人権擁護委員制度があります。その人権擁護委員制度発足から本年は70周年という記念の年になるわけであります。本日は、山内由光法務省大臣官房審議官をお迎えしておりますので、そのお話をお伺いしたいと思います。

世界人権宣言は、さらに前文で、社会におけるどの個人も、どの機関も、この世界人権宣言を常に念頭に置きながら、これらの

権利と自由の尊重を促進すること、またこれらの権利と自由の普遍的かつ効果的な承認と遵守を確保することを目指して努力することを求めています。

こうした人権の促進において、NGO が国際社会においても国内社会においても重要な役割を果たしております。本日は、弁護士という法律実務家でもあり、NGO 団体であるヒューマンライツ・ナウの事務局長をお務めの伊藤和子先生にご登壇いただき、日本初の国際人権 NGO としてどのような活動を行っているのかということをお話しいただきたいと思います。

それでは、まず外交担当者の立場から、三上国際法局長よりお話を頂きたいと思います。三上局長、よろしくお願いいたします。

発題3　実務（外交担当者）の観点から

外務省国際法局長

三　上　正　裕

　三上　ただ今ご紹介にあずかりました外務省の三上と申します。本日はこのような記念すべきフォーラムにお招きいただきまして、どうもありがとうございます。主催の両センターに心よりお礼申し上げたいと思います。

　世界人権宣言の法的性格―実務の観点から―という題を頂いていますので、ご期待に沿えるか分かりませんができるだけそれに沿ってお話ししたいと思います。

　1945年6月に国連憲章が署名されましたけれども、その冒頭は、「われらの一生のうちに二度まで言語に絶する悲哀を人類に与えた戦争」に言及した上で、基本的人権と人間の尊厳および価値に対する信念について述べています。そして、国連憲章合計8か所で人権に言及しているわけです。これは以前の国際連盟規約において、直接的に人権に言及した条文がなかったことと比較して国連憲章の大きな特徴かと思います。これは二度にわたる大戦

争、そしてジェノサイドを含む深刻な人権侵害を経験した後の国際社会で、平和と人権の不可分性が強く認識され、世界の平和と繁栄を実現していく上で人権が重視されるようになったことの証しかと思っております。

もっとも、国連憲章の規定は抽象的でしたので、それをさらに具体化すべく、1946 年に設立された人権委員会（Commission on Human Rights）において、国際人権章典（International Bill of Human Rights）の作成が検討されることになりました。しかし、いろいろな意見があって、国際人権章典を作成することは容易ではありませんでしたので、まずは法的拘束力はないものの、人権保障の理念や尊重すべき人権の具体的内容について盛り込んだ宣言を採択すべく作業が進められ、世界人権宣言が「すべての人民とすべての国とが達成すべき共通の基準」として、1948 年 12 月 10 日に国連総会で採択されました。

この世界人権宣言（Universal Declaration of Human Rights）ですが、これが多国間を意味するインターナショナルではなく、全世界的な、まさにユニバーサルな宣言として採択されたということは、国際法と人権の問題を考える上で象徴的な意味を持っていると思います。また、先ほども話にありましたが、世界人権宣言が採択された前日にジェノサイド条約が採択されたということにも言及しておきたいと思います。

先ほどから話が出ていますように、世界人権宣言そのものは法的拘束力のない宣言という形式をとっていますけれども、その内容は国際社会によって広く尊重されていることから、この宣言は少なくとも一部は慣習国際法化されているという説も有力に主張されているところです。

それから、この世界人権宣言の内容のうち、拷問の禁止や人種差別の禁止、その他の幾つかの事項については、別途個別に条約化され、我が国を含む世界の大多数の国がそれを締結しています。最近の動きとしては、2015年に採択された持続可能な開発目標（SDGs）が世界人権宣言の重要性について記載しています。

第二次世界大戦後の間もない時期に採択された世界人権宣言ではありますが、今もその重要性は失われていないと考えております。

世界人権宣言の内容は、その後、法的拘束力を持つ個別の条約として具体化していきました。1966年には、社会権規約と自由権規約からなる最も基本的かつ包括的な国際人権規約が採択されましたが、この両規約は、世界人権宣言以降の植民地独立などの国際情勢なども背景に、それぞれ第1条に、全ての人民の自決権が新たに規定されるなどの展開もありました。

さらに、具体的な条約としては人種差別撤廃条約をはじめ、女子差別撤廃条約、拷問等禁止条約、児童の権利条約、強制失踪条約、障害者権利条約等が採択されました。これらの条約の前文では例外なく世界人権宣言に言及されております。

最後に挙げた障害者権利条約について少しだけ補足いたします。この条約は最も新しいものの一つであり、さまざまな面で画期的なところがあります。条約の起草段階において当事者団体が参画したこともその一例です。

世界人権宣言が採択された当初は、障がい者の人権について明確な理解がなかったために、世界人権宣言の中に、障がいの有無を理由に差別されないといった文言は入っておりません。しかし、その後、時代と共に少しずつ障がい者の方々の人権が認知さ

れ始め、さまざまな国際的な宣言や条約の中にも盛り込まれるようになってきました。2006 年に採択された障害者権利条約も、その前文において世界人権宣言を引用しています。このことは、世界人権宣言の理念がもともとの宣言の文言に示された範囲を超えて、今後、新たに定義付けられた人権をも包含し発展していく、人権保護の理念の大きな土台として重要であるということを示している例ではないかと思います。

次に、国際法と人権について一般的なことを申し上げます。このように国連憲章と世界人権宣言を源流として第二次大戦後に発展した国際人権法は、国際法の諸分野の中でも、近年最も急速に発展を遂げた分野であると思いますが、近代に西欧で発展した伝統的な国際法とは趣を異にするさまざまな特徴を有していると思います。

第一に、伝統的な国際法が、基本的に国家と国家の間の相互的な権利義務関係を規律するものであるのに対して、人権分野における国際法は、国家が自らの管轄下にある個人の人権が尊重されるよう種々の義務を引き受けることを国際的に約束するという形式をとり、その保障の対象となるのは人権の享受主体である各個人であるということです。先ほど述べましたように、世界人権宣言、Universal Declaration という形式は、人権分野の国際法のこのような特徴を示しているものと思います。

他方で、世界人権宣言の理念と内容の一層の具体化は、その後の人権諸条約が担いましたけれども、もともと国家権力から個人を保護する概念として発展した人権、特に自由権を国家間の約束である条約によって保障するということですから、そこには一定の緊張関係、難しさがあることも指摘できるかと思います。

第1部　世界人権宣言の法的性格　（後半）　57

　第二には、伝統的な国際法では国家間の関係を規律する一方
で、各国内部のことについては基本的には国内管轄事項と整理
し、そこに外部から介入することは違法な内政干渉に当たると警
戒されていましたけれども、人権について規範意識が世界的に浸
透し、今や国内管轄事項として安易に国際法の規律対象から外す
ことは難しくなったと思います。グローバリゼーションの進展に
伴い、これは人権以外の分野でも多かれ少なかれ見られる現象で
すけれども、人権はその中でも最先端を進んでいると思います。

　第三に、基本的に主権国家が並立し、一元的な権力機構を有し
ない国際社会にとって、国際法の遵守および履行をいかに確保す
るかというのは非常に難しい問題ですけれども、人権分野につい
ては国連や地域国際機関、人権条約機関を通じた監視と履行のメ
カニズムが発展し、国際法諸分野の中でも異彩を放っていると思
います。特に人権諸条約については、締約国が自国内における人
権の尊重に積極的に取り組むよう促すための制度が整備されてき
ております。この点に関しては、後ほどもう少し述べます。

　第四に、人権の分野では個人を含む非国家主体が果たす役割が
大きいことも特徴と考えます。実際、人権諸条約の会合では、
NGO をはじめ、市民社会からの参加が非常に積極的に行われて
います。先ほど指摘したように、もともと、人権、特に自由権
は、個人が国家権力に対峙する中から生まれてきたということで
すので、国家以外の非国家主体の役割が大きいということは自然
なことかもしれません。

　以上四点申し上げました。他にもあるかと思いますが、国際社
会が変化する中で、以上のようなことは国際法全般にわたって見
られる現象でもありますけれども、特に人権分野では顕著な特徴

かと考えております。

　次に、国際的な履行確保メカニズムについて一言申し上げます。まず国連人権委員会ですが、国連は 1946 年に国連人権委員会を設立し、2006 年に現行の人権理事会となりました。日本は人権理事会設立以降、初年から 2011 年、2013 年から 2015 年まで理事国を務め、現在は 2017 年から 2019 年までの任期を務めております。この間、理事国として主要な決議の採択に積極的に貢献し、人権をめぐる国際社会の世論形成に取り組んできています。

　人権理事会は、3 月、6 月、9 月頃の年 3 回、通常会合が開かれています。その中で日本が主導している決議は、国別では北朝鮮やカンボジアの人権状況決議があります。北朝鮮人権状況決議については、その採択を EU と共に主導し、拉致問題をはじめとする北朝鮮の人権状況の改善に向けて国際的な関心を高める努力をしております。カンボジア人権状況決議については、そのペンホルダーを務め、カンボジア政府の人権状況改善に向けた努力への支援も継続しています。

　またテーマ別の決議としては、例えばハンセン病差別撤廃決議が挙げられます。日本は自国のハンセン病施策の歴史を踏まえて、患者やその家族等に対する偏見・差別の解消に向け、横田先生や坂元先生のお力も借りながら、国際的に主導的な立場をとっています。しかし、ハンセン病に関する誤った認識や誤解に基づく偏見、差別により、深刻な人権侵害は今なお世界各地で存続している状況であります。

　そこで全世界でハンセン病に関連する差別問題に苦しむ人々の人権を守るために、日本は 2008 年、2009 年、2010 年、2015 年、

および 2017 年に、人権理事会にハンセン病差別撤廃決議を提出し、いずれの決議も幅広い賛同を集め、全会一致で採択されました。

決議の前文では、世界人権宣言にも言及しており、世界人権宣言の差別の禁止や平等の精神が具体化されていると言えます。ハンセン病の制圧に関しては、このビル、日本財団の笹川陽平会長が長年取り組んでこられています。政府のハンセン病人権啓発大使としてもご活躍いただいており、敬意を表したいと思います。

次に、履行確保メカニズムですが、第一に締約国が自国における各条約の実施状況について定期的に作成した政府報告書を条約ごとに設置された委員会が審査する政府報告審査があります。例えば本年（2018 年）8 月にはジュネーブにおいて人種差別撤廃委員会による日本に関する審査が行われました。また、今月（11 月）の 5 日および 6 日にはジュネーブにおいて強制失踪委員会による日本政府報告審査を受けるところです。

第二に、国連全加盟国の人権状況を各国同士で定期的に審査する、普遍的・定期的レビュー（UPR）が実施されています。この審査基準の一つにも世界人権宣言が含まれております。日本は昨年（2017 年）11 月に第 3 回目となる審査を受けました。

第三は個人通報制度です。これにつきましては、日本は採用しておらず、さまざまなご議論があることは承知しています。政府としては人権諸条約の実施の効果的な担保を図るという趣旨から、注目すべき制度であるとの認識でありますが、同時に我が国の司法制度や立法政策との関連での問題の有無や、個人通報制度を受け入れる場合の実施体制等の検討課題があると認識しております。政府としては、各方面から寄せられる意見も踏まえつつ、

個人通報制度の受け入れの是非につき、引き続き真剣に検討を進めていくとの方針をとっています。

もう一つ、地域的人権条約の中には、特別の人権裁判所が個人の申し立てに基づき人権侵害の有無を法に準拠して判断し、法的拘束力のある救済制度を設けているものがあります。特に欧州人権裁判所は義務的管轄権を持ち、数々の判例を蓄積して、自由権規約の解釈、適用にも影響を及ぼすに至っています。

日本の方々のご活躍についても触れさせていただきます。日本は人権条約体に積極的に委員を擁立しており、世界で最も多くの委員を輩出している国となっています。例えば、今日もいらっしゃる薬師寺公夫立命館大学教授は、強制失踪委員会の委員を設立当初の 2011 年から 2017 年まで務められました。その後は寺谷広司東京大学教授が務められています。

また、条約ではありませんけれども、後ほどご説明する国連の人権理事会に専門的意見を提供する諮問委員会では、2008 年から 2013 年まで、このフォーラムの第 1 部のコーディネーターをしていただいている坂元先生が委員を務められました。

それから、第 2 部のコーディネーターをされる横田先生は、国連人権委員会ミャンマー担当特別報告者、国連人権促進保護小委員会委員、ILO 条約勧告適用専門家委員会委員長等、長きにわたって国連におけるさまざまな分野でご活躍されてきました。

人種差別撤廃委員会では、洪恵子南山大学教授が今年から活躍されており、また今年も女子差別撤廃委員会委員選挙で秋月弘子亜細亜大学教授が、自由権規約委員会委員選挙で古谷修一早稲田大学法科大学院教授がそれぞれ当選されました。

古谷先生の前に自由権規約委員会で長らく委員を務められた岩

澤雄司先生は、自由権規約委員会で2度委員長を務められた実績を生かして、先日、国際司法裁判所（ICJ）の判事に就任されました。かつて自由権規約委員会の委員を務めたイギリスのロザリン・ヒギンズ教授も、その後、ICJ判事となり、ICJの所長も務められましたけれども、こうしたことは国際人権法が国際法の中でも主要な分野の一つとなっていることの証左ではないかと思います。いずれにしても、多くの日本の方々が世界的にご活躍していただいていることは素晴らしいことだと思います。

　これまでお話ししてきたとおり、20世紀の大戦の反省を踏まえて作成された世界人権宣言は、その後の国際的な人権の議論の基礎となりました。そして、世界人権宣言およびその後策定された人権諸条約は、伝統的な国際法とは異なる特徴を備えつつ、国際法全体の発展に大きな影響を与えております。人権の保障は世界の平和と繁栄を確保する上で、最も重要な原則であるとする国連憲章や世界人権宣言の考え方は、国際社会における規範意識として確立していると言っていいかと思います。しかしながら、長期的にはともかく、短期的には、各国による人権の保障と平和や安定の実現には両立しがたい場面があること、また、そのことが国家間の紛争の原因となることがあることも、これもまた厳然たる事実です。抽象的な言い方になりますけれども、それをいかに調整し、人権を確保しながら長期的な平和と繁栄につなげていくのかということが、われわれ外交実務者に課せられた難しい課題であると考えています。

　さまざまな理由により、アジアは他の地域に比べると地域的な取り組みが遅いということがあります。私は先日ヘルシンキで開催された欧州評議会加盟国の法律顧問会合（CAHDI）にオブ

ザーバーとして出席いたしましたが、そこでは欧州人権裁判所の判例や、緊急事態における人権の制限について熱心な議論がなされていました。

アジアでも小和田前 ICJ 判事や、先日ご逝去された大沼保昭先生などのご尽力により、2007 年に設立されたアジア国際法学会の活動などがあり、また 10 月 8 日から 12 日まで、日本政府が東京でアジア・アフリカ法律諮問委員会（AALCO）年次総会を主催し、私も議長を務めましたけれども、日本として法の支配の普及という観点から、アジア地域における国際法や人権の問題についてよく考え取り組んでいく必要があるのではないかと感じています。

いずれにしましても、世界人権宣言は単に人権尊重の理念を高らかにうたっただけではなく、国際法の新たな次元を切り開いた重要な文書であり、採択から 70 年たった今日に至るまで、色あせることなく人類の普遍的な価値の源泉となり続けております。われわれとしては、国連憲章と世界人権宣言の理念の実現を目指しつつ、時代の変化に応じた新しい要請にも応えながら、世界と日本の平和と繁栄の実現に全力を挙げていくことが重要だと考えています。

坂元 三上局長、どうもありがとうございました。急がせてしまい、誠に申し訳ありません。

引き続きまして、国内行政担当者の立場から、山内法務省大臣官房審議官にお話を頂戴いたします。山内審議官、よろしくお願いいたします。

発題4 実務（国内行政担当者）の観点から

法務省大臣官房審議官

山 内 由 光

　山内　法務省の大臣官房審議官、山内です。本日はこのような席にお招きいただき、どうもありがとうございます。

　私からは法務省人権擁護局の取り組みについて説明させていただきますが、これまでの法的な議論とは若干異なる説明になります。

　法務省人権擁護局は、坂元先生からも説明があったように、1947（昭和22）年に設立されています。当時は法務省ではなく法務庁でした。その後、法務府を経て、現在の法務省になっています。その間、人権擁護局は数々の組織改正を経ていますが、現在も存在しています。

　この人権擁護局設立の翌年、1948（昭和23）年に、官と民が共同して人権擁護活動を行う制度として、人権擁護委員制度が創

設されています。この制度は「さまざまな分野の人が地域の中で人権尊重思想を広め、人権を擁護していくことが望ましい」という考えのもとに創設されていまして、人権擁護委員は全国で約1万4,000人います。これは法務大臣が委嘱した民間の方々でして、諸外国には例を見ない制度であると自負しています。この人権擁護委員と、法務省および法務局・地方法務局の職員が協力をしながらさまざまな人権擁護活動を行っているところです。

　ご承知のように、この人権擁護委員制度の創設と同じ年の12月10日に、世界人権宣言が採択されていまして、本年は世界人権宣言採択70周年と同時に、人権擁護委員制度も創設70周年となっています。

　法務省は、世界人権宣言が採択された翌年の1949（昭和24）年から、毎年、採択された12月10日を最終日とする一週間を「人権週間」と定めて、全国的な活動を展開しています。

　このように、法務省の人権擁護機関は、世界人権宣言の採択とほぼ同時期から基本的人権が尊重される世界の実現を目指して人権擁護活動を行っていますが、この人権擁護活動について説明させていただきます。法務省が行っている人権擁護活動は、大きく三つの分野に分かれます。一つは人権相談、もう一つは人権侵犯事件の調査救済活動、三つ目は人権啓発です。

　人権相談は、法務局・地方法務局の職員と人権擁護委員が、いじめや虐待や差別など、人権に関するあらゆる相談を受け付けて応じています。法務局・地方法務局には人権相談所がありますが、そこでは対面での相談も行いますし、電話やインターネットでも相談を受け付けています。

　これらの相談を通じて、人権侵犯の疑いがある事案を認知しま

したら、調査を行い、その結果を踏まえて事案に応じた適切な措置を講ずる「調査救済活動」も行っています。

この調査救済活動では、例えば、法律的なアドバイスをしたり、当事者の話し合いを仲介したり、人権侵害を行っている人に対して改善を求めたりしています。

ただ、このような人権侵害、人権侵犯事案の発生は、未然に防止した方がいい。そのためには、一人一人の人権意識を高めてもらい、人権への理解も深めてもらうことが必要です。そのために、三つ目の柱である人権啓発活動を行っております。例えば、シンポジウムや講演会、各種研修などの開催、あるいは冊子やリーフレットを作成して配布するといった事業を行っております。

人権擁護局、その下部組織で行っている活動というのは、この三つの柱に基づいたものですが、本日は世界人権宣言の中で注目すべき条文と関連させて、近年、法務省の人権擁護機関が取り組んでいる活動に焦点を当てて紹介させていただきます。

まず、世界人権宣言第1条では、人は生まれながらに自由であって平等であると定めています。第2条は差別の禁止を掲げています。我が国では2020年に東京オリンピック・パラリンピック競技大会の開催を予定していますが、この開催を契機として、人種や障がいの有無といった「違い」を理解していただくとともに、それを受け入れてお互いを認め合い、ユニバーサル社会を実現し、レガシー（遺産）にして次世代につないでいくことが求められています。

そのような観点から、現在、法務省の人権擁護機関では特に障がいのある人や外国人の人権問題に焦点を当てた取り組みを行っ

ているところです。どのような形の取り組みであるかを、先ほど
の三つの柱に即して申し上げますと、まず人権啓発として人権教
室があります。

　人権教室というのは、いじめや障がいのある人など、いろいろ
な人権問題について考える機会を子どもたちに作り、子どもたち
が思いやりの心や命の大切さなどを学ぶことを目的に実施する啓
発活動です。これは人権擁護委員が中心となって行っており、主
に小学生を対象に、総合的な学習の時間などを利用して実施しま
す。2017（平成29）年は、全国で約100万人を対象に実施して
います。

　このような座学型の教室である人権教室に加えて、近年では参
加者が主体的に参加できる体験型の人権教室を手掛けています。
日本経済団体連合会や日本商工会議所、経済同友会が中心となっ
て設立したオリンピック・パラリンピック等経済界協議会と連携
し、車椅子や障がい者スポーツなどの体験を取り入れた人権教室
を行っております。アイマスク体験やブラインドサッカーなどを
やって、参加した児童たちに障がいのある人たちがどのような介
助を必要としているかを体験していただく。これを通じて、人を
思いやる気持ちなどを学んでいただきます。

　つまり、これからの人権啓発活動というのは、単に座学などで
学んで知るということにとどまることなく、参加体験型などの活
動を展開することによって、その対象者に気持ちや心の変化をも
たらしていくことが求められているのではないかと思っていると
ころです。今後も各地域において、さまざまな啓発活動を実施し
たいと考えているところであります。

　次に、外国人の人権問題についての取り組みを紹介させていた

だきます。法務省の人権擁護機関では、従来から外国人の方々の相談において、言語の障害なく相談できるように外国語に対応した外国人のための人権相談所を 10 か所の法務局に開設していました。

　これに加え、2017（平成 29）年の 4 月からは民間の多言語電話通訳等サービスを利用することになりまして、外国人のための人権相談所を全国 50 か所、全ての法務局・地方法務局に拡大しました。それとともに、外国語人権相談ダイヤルの対応言語を 2 か国語ではなく、使用頻度の高い 6 か国語に拡大しました。また、言語別であった電話番号は、全国共通のナビダイヤルに統一しました。さらに、2016（平成 28）年の 3 月から、英語と中国語の 2 か国語につきましては、外国語インターネット人権相談受付窓口も設置しております。

　近年、政府による観光立国の推進と外国人材の活用という施策の推進から、我が国を訪れる外国人が大変多くなっております。今後も宗教や慣習などの相違によって、外国人をめぐる人権の問題が発生することは大いに予想されますので、この相談窓口の周知をさらに図っていく所存であります。

　少し話は変わりまして、次はプライバシーの保護についてです。世界人権宣言第 12 条はプライバシーの保護を定めています。しかし、ご承知のように、近年のスマートフォンの普及やインターネットの活用・拡大によって、インターネット上の個人情報に関する書き込み、また誤った情報に基づいた誹謗中傷の書き込みなど、インターネット上で人権侵害が行われる事案も発生しています。

　インターネット上に流通する人権侵害情報は、インターネット

の特性上、伝播性が高く、重大な被害を生じさせる恐れもありますので、法務省ではこのような人権侵害に関しては迅速な対応を行うように努めているところです。

　具体的には、被害者から被害申告を受けたことに端を発しまして、まずは速やかにインターネット上の該当する情報を確認します。そして被害者に対して、プロバイダーへの削除依頼の具体的な方法について助言等を行っています。ただ、もし被害者自らが被害の回復を図ることが困難な事情がある場合は、必要に応じて、被害者の方や関係者から事情を聞くこともあります。そのような調査を行った上で、法令、判例などに照らし違法性の有無も併せて検討し、もし名誉毀損、プライバシー侵害などの違法性が認められるような場合には、法務局・地方法務局からプロバイダーに対して、その情報の削除を要請することも行っております。

　ただ、このような削除要請には強制力はありません。強制力はないのですが、電気通信事業者団体などで構成される検討協議会にはガイドラインがありまして、これを基にプロバイダーに対する対応を促進させている状況であります。

　また、インターネット上の人権侵害は、むしろ未然に防止するのも大切だと思われますので、啓発活動も重要です。SNS の利用を通じて、子どもがインターネット上の人権侵害の加害者にも被害者にもなる。そういったトラブルに巻き込まれるような事案が多く発生していますので、当局では、中高生を対象とした啓発活動を進めています。例えば啓発冊子の制作・配布、そして啓発動画の YouTube への掲載を行っています。さらに、2016（平成28）年度からは、全国の中学校を中心に、携帯電話の事業者が実

施するスマホ・ケータイ安全教室と連携した人権教室を実施しています。そこではフィルタリングの設定といった技術的な留意点の他、ネットいじめの防止・対策などについて伝えて、青少年のインターネット利用環境の向上に努めているところであります。

最後になりますが、世界人権宣言に関連して、法務省の人権擁護機関が行っている人権擁護活動についてご紹介させていただきましたが、これはほんの一部です。他にも、いじめの問題や、昨今注目を浴びている性的少数者へのハラスメントの問題、ヘイトスピーチ、部落差別など、引き続き取り組んでいかないといけない人権課題が多岐にわたっています。また、国際的な動向にも適切に対応していく必要があろうかと思っています。

世界人権宣言は、全ての国が達成すべき共通の基準として定められたものでありまして、法務省の人権擁護機関におきましても、この宣言の趣旨が実現された、全ての人が人権を守られて、それぞれの個性が発揮できるような社会の実現に向けて、引き続き課題に真摯に向き合って、着実に人権擁護活動に取り組んでいく所存であります。ありがとうございました。

坂元 山内審議官、どうもありがとうございました。

最後に法曹実務と NGO の観点から、ヒューマンライツ・ナウの事務局長をお務めの弁護士の伊藤和子先生にご報告をお願いしたいと思います。伊藤先生、よろしくお願いします。

発題5 実務（法律専門家／NPO・NGO）の観点から

弁護士、ヒューマンライツ・ナウ事務局長

伊 藤 和 子

伊藤 ご紹介いただきましたヒューマンライツ・ナウ事務局長の伊藤です。本日はこのような機会を頂きまして本当にありがとうございます。

私は、法律実務家とNGOの観点からお話しさせていただきます。まず、私が事務局長をしているヒューマンライツ・ナウという団体は、2006年に発足した国際的な人権NGOです。

国際的に確立された人権基準に基づいて、紛争や人権侵害のない公正な世界を実現するために、日本から国境を越えて人権侵害をなくすための活動をすることを理念としています。国際的に確立された人権基準とは、まさに世界人権宣言のことで、世界人権宣言を中心的な価値として活動しています。

具体的には、主に三つの柱で活動しています。一つ目は事実調

査です。実際に明らかになっていないような深刻な人権侵害の現場に行き事実調査をし、明確化します。それを通じて皆さんが問題に取り組んでいただくきっかけを作るためです。

二つ目がアドボカシー活動で、人権問題の解決のために、国連、各国政府、そして企業などに働き掛けています。私たちの団体は国連の特別協議資格を有しているため、国連の各種会合や国連人権理事会、国連総会の特に第3委員会、安全保障理事会などに参加し、人権に関する国連決議、国別決議やテーマ別決議などの策定にも関与しています。

このような決議の対象となる国の多くは人権侵害が深刻ですが、主要な人権条約を批准していない傾向にあります。そこで根拠となるのは世界人権宣言です。その場合、世界人権宣言は国際慣習法としての地位を持ち、全ての国を拘束するとの理解に基づいて、特に国別決議などの採択に向けたキャンペーン活動や、アドボカシー活動などを展開しております。

そして三つ目は、人権教育です。特に人権侵害の被害が深刻な地域では、若い世代、社会的弱者の多くが、人権とは何かすら知る機会がないということがあり、ミャンマーや中国などのアジア各国で、日本から講師を派遣して、人権についてトレーニングをする、知っていただくという活動を展開しています。

ヒューマンライツ・ナウ発足以来、世界のさまざまな人権団体と連携を進めてきました。2018年は世界人権宣言70周年ということで先週から今週にかけてパリで大きな人権活動家の会議が開かれておりますが、そこで共通してテーマに挙がっているのが、深刻化する市民社会スペースの抑圧です。世界各国の人権活動家が人権について声を上げたことを理由に暗殺される、拘束される

第1部 世界人権宣言の法的性格 （後半） 73

といった事例が増え、どんどん締めつけが厳しくなってきています。そういった問題にどう対処していくのかが重要な課題になっています。

　例えば中国の人権活動家や弁護士に対する抑圧、日本が国別決議で貢献をしているカンボジアにおける人権抑圧も深刻な問題になっていると認識しています。これに対して市民社会はどのように連携をしながら、壁を乗り越えていくのか。そして、人権に理解を示す国がどのように関わり、支援をしていくかというのが一つの大きなテーマだと認識しています。

　その一つの切り口として、私たちが取り組んでいるトレーニング活動についてご紹介させていただきます。ミャンマーで軍事独裁政権がずっと続いている中、2009 年から 2013 年まで私たちが隣国のタイで行っていたトレーニングです。ミャンマーは当時、憲法の中にしっかりとした人権保障の規定が日本のようになく、人権条約もほとんど批准していないため、学校でも人権について勉強する機会がありませんし、人権とは何かということを、そもそも知らない状態でした。

　そのような場合にバックボーンとなるのが世界人権宣言です。世界人権宣言を一条一条読みながら、こういう権利が誰にでも普遍的にあるのだということを教えてきました。条文を読みながら、この権利は保障されていますかと学生に問い掛けると、されていません、とみんな答えます。世界人権宣言が保障するどの権利も、ほとんど侵害されている。そうした状況にある国は日本の近くにもたくさんあるのが現状なのです。

　ではその今の状況は、世界人権宣言からすると正しい状態ではないですね、ということを議論すると、学生の反応はまず怒りで

すが、その後に少しずつ希望を持つようになるのです。自分たち
が感じてきた理不尽さや、不幸だと思ってきたこと、もしくは自
分が悪いのではないかと思ってきたことが、実は自分たちが悪い
わけではなく、国際的に保障されているはずの人権を保障する責
務を国が果たしていなかったのであり、そして世界の流れからす
れば、いつか必ず保障される時代が来る、という希望を持つよう
になるのです。これは非常に大きなことだと思います。

　現在ミャンマーでは、ようやく2015年から民主化が進んでい
ます。私たちの卒業生も、民主化の最前線でさまざまな活動を深
刻な状況が続く中で頑張ってやっています。世界人権宣言を教え
ることを通じて、これからの未来に希望を持つことができる、そ
して、それが社会の変化につながっていくということは非常に大
事なことです。

　次に、世界人権宣言の発展、展開で非常に重要なテーマとして
国連のビジネスと人権に関する指導原則についてお話ししたいと
思います。先ほどから非国家主体による、あるいは、私人間にお
ける人権侵害が話題になっておりましたが、この問題について非
常に大きな転機を迎えたのが2011年に国連人権理事会で採択され
た、ビジネスと人権に関する指導原則だと考えます。

　この指導原則では、ビジネスセクターは人権尊重の責任を負う
ということが原則11に規定されています。そして原則12で、そ
こで意図する「人権」とは、ILOの宣言、そして世界人権宣言に
表明されている人権のことであるということが明記されていま
す。

　この指導原則に関連して、企業で研修をさせていただくことが
多々あり、企業の方の間で世界人権宣言をきちんと勉強しようと

いう機運が非常に高まっていますが、よいことだと思っています。

また、原則13では、人権尊重のための企業責任は、単に自社内にとどまらず、影響が及ぶサプライチェーン、バリューチェーンを含む全ての分野につながっていくということが宣言され、これが非常に重要な意味を持っていると思います。

この原則は、2011年に採択された際は、それほど重視されていませんでした。しかし2013年にバングラデシュでラナ・プラザビルという縫製工場が入ったビルの大きな崩壊事故が起きて多数の労働者が犠牲となり、崩壊したビルでは世界の主要ファッションブランド製品を作っていたことが明らかになり、事態が大きく変わりました。例えばベネトンのような名立たるブランドがそこで製品を作っていました。そうだとするとベネトンでは、こうした国での児童労働や強制労働ということに全く責任を負わないのかが世界から問われたのです。

そこでこのビジネスと人権に関する指導原則に立ち返り、企業が責任をもってサプライチェーンを含め世界人権宣言に規定する人権を保障しなければならないということが、非常に強く意識されるようになりました。

当団体でも、この流れで、例えば日本のファッションブランドや食品産業が海外で展開していく場合の人権問題に光を当ててまいりました。カンボジアやタイ、ミャンマーなどでは、人身取引、強制労働、児童労働の問題があり、それに日本の海外展開しているビジネスも無縁ではありません。これは世界人権宣言でも問題となる事例であることから、企業には世界人権宣言に基づく諸権利を守り、特に奴隷や、人身取引などに関与してはならない

という根本的な原則について、しっかりとサプライチェーンも含めて目を光らせていただきたいと考えています。

最後に一言。日本国内の状況について考えてみたいと思います。日本は、幸い人権諸条約についておおむね批准しています。自由権規約、社会権規約、拷問等禁止条約、人種差別撤廃条約、そして女性差別撤廃条約、子どもの権利条約を批准してまいりました。人権条約批准の影響によって、さまざまな条約機関からの勧告を受け、法律改正等が実現しています。

女性差別撤廃条約批准を受けて制定された男女雇用機会均等法の影響は非常に大きく、セクハラの規制や、女性に対する雇用差別などを撤廃する大きな力になり、非常に機能してきたと認識しています。しかし、実態はどうでしょうか。女性の権利が本当にきちんと保障されているのかというと、私は深刻な状況がまだ続いているのではないかと感じています。

一つ例を挙げますと、当団体で取り組んでいるアダルトビデオの出演強要被害という問題があります。これは2016年に当団体が記者会見をして発表しましたが、モデルにならないかなどと言って女性をだまして契約をさせ、タレントやモデル業務をすると思っていたところ、アダルトビデオの仕事を命じられたということです。この契約を断ったら違約金を払わなければならず、その違約金が非常に高額なため、仕方なくアダルトビデオ出演を強要させられているという女性たちがいました。

これは明らかに性奴隷、債務奴隷です。世界人権宣言にも違反し、人権諸条約ではあり得ないようなことが、日本で起きているのです。そして、これについては内閣府調査によって多くの被害者がいることが明らかになりました。

第1部　世界人権宣言の法的性格　（後半）　77

　例えば、嫌だと言ったら 1,000 万払えと言われた。最終的に
2,460 万円の請求をする裁判が起こされたケースを私は担当しま
した。この事件では、契約の有効性が争点となりました。民法
90 条は公序良俗に反する契約は無効と規定しています。私人に
やりたくないような性行為に従事することを強制するような契約
というのは有効なのかという争点です。

　私は人権に反するような規定は、全て公序良俗に反し無効だと
議論を展開しましたし、そう信じています。ところが、残念なが
ら、裁判所は公序良俗違反を認めませんでした。

　しかし、さまざまな法律上の理論を駆使して、最終的にこの請
求は棄却され、違約金を払わなくていいという結論にはなりまし
た。そして、これが一つのランドマークケースとなり、それまで
は法外な違約金によって出演を強要されていた人たちが、出演を
強要されるべきではないということになり、違約金で出演強制す
ることは許されない、という理解が社会でも広く広まったこと
は、非常に大きな意義があったのではないかと思っています。

　当団体で、アダルトビデオ出演強要問題について調査報告書を
出しましたが、当初のリアクションは、そんなひどいことはあり
得ないという業界からの非常に強い反発でした。ところが、それ
に対して被害に遭った女性たちが、私も被害に遭いました、と声
を上げてくださったんです。そして、声を上げた女性たちをメ
ディアが取材して報道し、報道が繰り返されて社会問題になり、
調査報告書を出した 1 年後に、この問題について政府が関係省庁
の対策会合を開いて緊急対策を決定し、現在対策が進んでいると
ころです。深刻な人権侵害の事態ではありますが、声を上げるこ
とによって事態が変わっていくという一つの例を示せたと思って

います。

　日本の深刻な人権侵害というのは、特に若い層の中でありま
す。こうした契約による強制や、ブラック企業、ブラックバイト
のような問題、さまざまなところで深刻な人権侵害があり、なか
なか声を上げられないという人たちが多いと感じています。また
同時に、声を上げる人たちに対するバッシングというのが非常に
強くあるため、なかなか声を上げにくい社会になっていること
が、さらに状況を悪くしているのではないかと考えております。

　私としては、こうした問題が本当に人権問題なのだ、これは解
決することができるということを伝えると同時に、声を上げる人
を大事にする社会、声を上げる人たちを応援して、みんなが声を
上げられる社会を作っていくことが、世界人権宣言を本当の意味
で生かしていく点で重要なのではないかと日々痛感しておりま
す。どうもありがとうございました。

　坂元　伊藤先生、どうもありがとうございました。

　前半同様、後半のセッションにご登壇いただきました三人の
方々には、それぞれのお立場から人権問題に積極的に取り組まれ
ているということが理解できました。

　冒頭、私ども世界人権問題研究センターの大谷理事長のご挨拶
にもありましたけれども、世界には、また日本には、依然として
多くの人権問題が存在しております。インターネットの発展に伴
いその匿名性や情報発信の容易さを悪用したネット上の人権侵害
が横行するなど、人権問題は複雑化、多様化しております。他方
で、先ほどの伊藤さんの報告の中にありました、ビジネスと人権
という問題を考えますと、昨年12月に経団連が企業行動憲章を
改訂し、第4条に人権の尊重を初めて明記いたしました。

そういう意味では、本日われわれが取り上げております世界人権宣言の理念が生かされている部分も、かなり多く見られるわけでございます。本日のご議論を拝聴して、われわれ自身が世界人権宣言70周年を契機として、世界人権宣言の理念とその意義を今一度再確認し、一人一人の尊厳と人権が尊重され、誰もが自分らしく生きることのできる社会の実現を目指して共に行動していくということが重要ではないか、と思った次第でございます。

第 2 部

今日および将来の国際社会、国内社会
において世界人権宣言が持つ意義と役割

ディスカッション

コーディネーター
公益財団法人人権教育啓発推進センター理事長　法務省特別顧問

横 田 洋 三

横田　憲法、国際法そして実務の観点からの世界人権宣言の位置付けについて、お話を伺いました。ここからの第2部では、登壇者の間での討論を始めたいと思います。後でフロアからのご質問を受けますので、そのご準備のある方は心積もりをお願いします。

最初にパネリストの間での討論をしたいと思います。最初に国際法の観点から滝澤さんに質問やコメントを出していただけますか。

滝澤　横田先生、どうもありがとうございます。お話を聞く中で、この世界人権宣言というのが伊藤和子先生の報告にもありましたように、国家に課される義務だけではなくて、社会のさまざまな団体に対しても義務を課しているという、そういう面があり、そういう意味で先進的なものであったと思っています。というのは、全ての国家と全ての人とが達成すべき共通の基準、また

は社会の全ての個人および全ての機関がこの宣言を尊重し、承認し、適用するという文言もあるというところから、それが分かると思います。

　しかしながら、先ほど高橋先生の方から、世界人権宣言というのは憲法的な規範なのか、それとも法律的な規範なのかというお話がありまして、そのどちらかによって憲法の体系の中に入れられるかどうかが決まってくるというようなお話だったかと思いますが、世界人権宣言の諸規定には憲法的な規範もあり法律的な規範も両方を含んでいると思われます。そうしますと憲法の方では、世界人権宣言をどう受け止めることになるのか。伺ってみたいところでした。よろしくお願いいたします。

　横田　今の質問、まず高橋さんにお願いしたいと思いますが。高橋さんの話は、世界人権宣言の法的拘束力が、国際法の分野では、あるということを前提にお話をされたのですが、実は国際法の分野では、その辺が人によって少し違っていて、ある部分は拘束力があるけれど、他の部分は拘束力がないなど、いろいろな考えが出されていて、まだ意見がまとまっていない段階なのです。そういう中で、国内法、憲法としてはそれをどう受け止めるかということが滝澤さんの質問になると思います。その点に関してお話しいただけますでしょうか。

　高橋　ありがとうございます。国際人権を憲法から考えるとどうなるか、私人に対して国際人権というのはどういう効力を持つかという問題なのですね。

　報告の中でも言いましたが、国際人権は条約で、条約の中には自動執行力を持つものがあるという議論を国際法学者がやっています。自動執行力ということは、私人に対して直接権利義務を定

めるということです。そうすると憲法学の方では、人権というのは国家を縛るものと考えてきましたが、では私人が人権侵害を行っているときに、どう理論的に対応しますかということで、私人間効力論というのを一所懸命議論してきたわけです。もし国際人権も人権だというならば、国際法の立場から人権を守りなさいと言うとき、それは国家だけを対象にしているのではないか、国家だけを拘束するのではないか。その場合に「いや、私人の権利義務を定めている」と言うけれども、それは、私人が国家に対して権利を持つ、義務を持つ関係、いわゆる公法関係と呼びましたけれども、国家と私人との関係について、例外的に、国家を拘束するだけではなくて私人と国家との関係をも拘束する、そういう意味で私人の権利義務を定めるのだ、というふうに解釈すると、憲法学の方の人権観とは非常にうまく整合します。ところが国際法学者の書いたものを読むと「いや、そうでもないらしい、私人間も拘束すると考えているようだ」という感じを受けることがあるのです。

　今日の伊藤先生からのご報告の中でも、ビジネスと人権に関する指導原則では、会社と従業員の間といったまさに私人間の問題も記述されており、そこに直接国際人権規定が適用されるということでしたが、本当にそうなのかということです。

　果たして裁判所で、その関係に国際人権の条約を適用した事例というのはあるか。国家と私人との間なら、私人の権利が国際条約によって定められているのだから、人権条約を批准している以上、それを守るべきだという議論は成り立つけれども、私人間で果たして直接裁判所でそれを適用できるか。そうではなくて、むしろ国家に対してそういう法制度を作りなさい、編入しなさいと

国家を義務付けているだけではないか。そういった疑問を、憲法学の方からは感じるのです。

私の立場では、人権というのは国家を拘束するのだから、国際人権も人権である以上、国家だけを拘束するものだと考えます。そうではなく私人間も拘束するということであれば、それは憲法学からいうと、それは法律の役割ではないかということになるのです。

憲法学からは、私人間の人権保障は法律でやるのだという論理なのです。私人と私人の間で人権侵害しないように国家は責務を負っていて、その責務を果たすためには法律を制定しています。法律によって私人間で人権侵害が生じないようにきちんとやっていくというのが国家の憲法上負わせられている役割なのです。そうすると、国際人権が私人間まで拘束するというならば、これは法律と同じ役割を持つということになります。

憲法と法律と両方の性格を持つのではないかと言われました。それでうまく説明がつくのかもしれませんが、両方の性格を持つという発想は、憲法の方では考えたことはありません。憲法と法律は異なり、両方の性格を持つ法規範があるということを考えたこともないので、そのように問題提起されているのであれば、私には少し考えてみないと、すぐには答えが出せないというところです。

横田　今、高橋さんが触れた問題は、滝澤さんの質問に触発されて広がったのですが、その点に関して薬師寺さんから国際法の議論との関係で何かコメントはありませんか。

薬師寺　私が担当していた強制失踪条約は、一面では強制失踪から守られる権利、つまり強制失踪を受けない個人の権利を確立

すると同時に、強制失踪を行った人を処罰するつまり刑法的な側面という二つの側面を持った人権条約です。その際に国家の義務をどう見るかという問題があります。実は、強制失踪条約の定義によりますと、国家の関与がないと強制失踪にはならないのです。ところが人権条約の下では、私人が行った行為についても国家は義務を負います。ただいずれの場合も、高橋先生が言われたように、構造としては国家対私人の権利義務関係でものを見ます。

　私たちが国際法学を学び始めた頃は、国際法は国家と国家の権利義務を定めるものなのだから直接個人に権利を与えるようなことはないのだという考えがありました。今ではさすがにこうした見解はほとんどなくなったと思うのですが、直接私人間の関係まで条約が規律することはないと思います。

　国際法では、直接私人間の権利を規律するということではなくて、国家の義務を介して、私人の人権を国がどう保護するかという形に実定法上はなっています。

　例えば、ヘイトスピーチというのは私人対私人の問題ですよね。これについて国がどういう義務を負うのか。つまり国の実体的な保護の義務と手続的な調査・救済・訴追義務という二つの側面からアプローチしないといけない、最近そのような議論が出てきています。つまり、国の手続的責任も含めて考える必要があります。

　横田　国際法を各国がどう受け止めて、それをどう実施するかというのは、国際法の分野でもこれまでいろいろ議論されてきました。それぞれの国がまず方針を決めるということが了解されていて、国によってその違いがあるのですが、例えばイギリス、北

欧、カナダなどでは高橋さんが言われたように、条約で決まっていても、それを国内実施するためには、もう一度国内法に変型しなければいけないという立場をとっています。これを変型理論の国と言っているのです。

　ところで日本はどうかというと、高橋さんが紹介されたように、直接適用の国なのです。変型ではなく、国際法をそのまま国内に受容する。この点は、先ほど山本草二先生のご著書からも引用されたのですが、山本先生もそうですし、多くの日本の国際法学者も同意見ですが、その基礎は、憲法学者がそう言っているという立場です。ですから、憲法の先生方が98条2項で規定している「日本国が締結した条約及び確立された国際法規は、これを誠実に遵守することを必要とする」という文言、この言葉の解釈として、国内に直接適用すると憲法の先生方はおっしゃっておられるので、国際法の人たちは、それを受け止めて、直接適用ということで、その先、直接適用ならば私人間の関係にも及ぶことが条約で規定されている場合があるのではないかという議論になっているのが、現況だと思うのですね。

　このような疑問を出された場合、高橋さんはどういうふうにお答えになりますか。

高橋　憲法学の方から始まったと言われると、この学説の形成された経緯まではフォローしていないので、よく分かりません。確かに憲法98条2項には条約の誠実遵守義務の規定があります。それから言うと、直接的に国内法に編入されるのだという解釈が一応成り立つと思いますけれども、私自身は、おそらくこれは国際法学の方で、国際法を国内に編入する場合どう考えるかということで行われた議論を憲法学が受け止めたと思っていたものです

から、少し驚いたのですけれどね。

　横田　このことがはっきり分かったというだけでも大変意味があります。国際法と憲法、それぞれに違った前提に基づいていたということが分かったということは一つの発見だと思います。ありがとうございます。

　せっかくですから、木村さん、何かこの点についてご意見ありますか。

　木村　私も教えてほしいと思っていたところなのですが、国内法上の効力が直接生じるといっても、諸々のルールを国内法化するためには、いろいろな憲法上の要請があります。先ほど例に出しました沖縄の基地問題を考えているときに、日米地位協定が適用されますと、その立地の場所についての地元の自治体の自治権というのが大幅に制限されます。一方で地方公共団体の組織および運営に関する事項、すなわち自治権はどのような範囲に及ぶかということについては、法律事項という見解であり、条約と法律は異なる法形式なので、自治権の制限を、仮に条約が国内法上の効力をそのまま生じるとしても、条約があるだけで自治権を制限するというのは92条の文言には反します。

　そうすると、やはり自治権制限根拠法を作らないで基地を造るというのは大きな問題だし、高橋先生が先ほど紹介されたように、条約の方が簡単な手続きで成立してしまうので、92条、場合によっては95条の住民投票の要請なんかも、全部そういう条約で修正されてしまうと大変困ったことが起きるなということを最近考えておりまして……。

　そういう意味では、国内法への編入というものを仮に変型なしでできるという立場をとったとしても、それだけで、あらゆる条

約がそのままストレートに適用できるわけではないという意味では、やはり条約の内容ごとに憲法規定との細やかな調整をしていく必要があるというのは、どちらの理論に立っても変わらないということを指摘させていただきます。

横田　ありがとうございます。

私どもの理解では、条約を批准するときには、必ず外務省、法務省、関係省庁と協議し、特に内閣法制局その他で、現行の国内法と矛盾しないかということを検討し、矛盾することが発見されたときは、国内法のその部分を改正し確認した上で批准するという手続きをとっていると理解しています。その結果、日本はいろいろな重要な条約をなかなか批准できないでいるという状況があるということを指摘させていただきます。

これは重要な問題ですので、もし山内さんにご意見があったらどうぞ。

山内　横田先生がほとんど私が言いたいことを説明してしまったのですが、私も外務省ではないので、あまり確定的なことは申し上げられませんが、確かにおっしゃるように、条約というのは、さっき木村先生がおっしゃったのは日米地位協定ですが、これは二国間条約ですし、先ほどから話題になっている人権条約、これはマルチ条約ですので、若干そこは、毛色が違うかとは思います。おっしゃるとおり国が条約を批准するという手続きを行う場合に、既存の法体系と矛盾するかどうか、憲法違反がないかどうか、これは法制局がチェックします。そこで不都合があるといいますか条約がそのままでは実施できないような場合には、よく担保法といいますけれども、その条約を担保する法律を整備することになり、必要があれば法改正し、新しい法律を作ります。そ

第2部　今日および将来の国際社会、国内社会において世界人権宣言が持つ意義と役割　91

こでも改正できない、これは無理だという場合は、例えば留保というのを条約では行います。そこは国内法的な整合性を取るために、いろいろな措置を講じます。これは実は外務省の領域で所管外の話ではありますけれども、こういったことをやっているのは間違いありません。

　私も法律家ではありますけれど、条約が直接適用されるというのが、実際感覚的に、少なくとも言葉の意味としては非常に違和感があり、適用できるのでしたら本当に楽なのですが……。

　と言いますのは、いろいろな国際フォーラムで条約交渉を行っておりますけれども、やはり常に国内法との整合性を意識しながら条約交渉するわけですが、国によってはそれこそ直接適用で別に国内法との整合性を考えずに、そのまま条約を国内法化するというところもありますので、それを直接適用というのだろうとは思っています。

　横田　ありがとうございました。

　伊藤さん、実務の観点で、NGO、NPO で、今議論していることが実際に問題になることがありますか。

　伊藤　そうですね。先ほど木村先生がおっしゃっていた、二国間条約と多国間条約で、少し、私としては違う考え方もあり得るのかな、と非常に悩んでいる部分があります。人権条約に代表される多国間条約、人間の尊厳、個人の尊厳に根差した人権保障に関わる多国間条約は、多くの場合、国際慣習法になる。中にはユス・コーゲンス、強行規範に該当するようなものもある。こうした性質を有する多国間条約と、二国間条約とでは、規範の性質や内容がおよそ異なるのであり、国内適用における違いが出てくるべきではないか、というようなことを感じる部分はありますね。

横田　この点は、他にもご意見があるかと思いますが、一言だけ、私の方から、二国間条約と多数国間条約の国内実施について申し上げます。二国間条約と多数国間条約の間に違いがあるということは国際法の分野でも議論されていますが、憲法98条2項の規定は区別していないのですね。「日本国が締結した条約は」で全部ひとくくりにしています。では、憲法の規定ではそうなっているけれども、二国間条約と多数国間条約は違うのではないかという議論もあって、両者の使い分けを国内実施のときにしてみると、一つ面白い答えが出てくるように思うのですが、まだそのような議論は憲法の方では出されていませんか。木村さんは先ほど、日米地位協定のような二国間条約と人権条約では少し違うのではないかということをおっしゃったのですが、憲法でその点について議論があるのでしょうか。

　木村　条約の効力とか98条2項との関係に違いがあるというわけではありません。やはり社会に及ぼすインパクトという点で、率先して遵守されるようなものと、ぎりぎりまで批准を先延ばしするような条約とがあるだろうという、そういうお話をさせていただいたと思います。

　横田　分かりました。論点が大変明快になってよかったです。

　では次に、憲法の方から高橋さん、何か、どなたかにご質問、ご意見がございましたらお願いします。

　高橋　私が一番聞きたいと思っていたのは、先ほどから話題になっている私人間の問題なのです。他の問題では今すぐ思いつきませんが、気になっているのは人権という言葉を使う際に、憲法で考える人権と、国際法で考える人権の観点が全然違うのではないかという不安があるのですね。

私なんかは、人権というのは、一番広く捉える場合には、全実定法秩序を基礎付けているものという観点です。実定法上さまざまな部分で人権というのは表れています。例えば人権というのは憲法だけではなくて法律によっても保障されています。「法律上の人権」という言い方をします。しかし法律の中では、「人権」というふうに捉えられるような言い方、「表現の自由」、「生存権」というような言い方はあまり使われていません。

ですから、法律上の人権と言われて、何かよく分からないと反応されるのですが、理念としての人権というものを考えると、人権というのは、国際法における人権をも支えていて、憲法上の人権も支え、そのもとにおける法律上で保障している、人権と呼ばないけれども、契約の自由であるとか、所有権というような言葉が民法の中で使われていますが、そういうものも内容的には憲法で人権を保障している中に入っているようなものになります。そうすると、法律上も人権は保障されています。

そういった実定法のさまざまな形式の中で人権が保障されていて、それら全部を支えている超実定法的な人権があるのではないか。こんなふうに捉えています。それが個々の実定法の中で取り入れられるときに、その実定法の性質によって特殊な性質を与えられているのではないか。例えば人権というのが国際法の中で取り込まれてくると、国際法上の人権、国際人権というものになるけれども、これは憲法の中に取り込まれてきた憲法上の人権とは違うと考えられます。

憲法は国家権力を拘束しているけれども、そうすると、国際法上の人権、国際人権というのは、国家も拘束するけれどもその場合に、国家を拘束するというのが、国民が国家権力を拘束すると

いう、国民と国家との関係における問題ではなくて、国際間の国家と国家との関係で国家を拘束しているということですね。比喩的に言えば、上から国家を捉えて、その国家を拘束している。憲法上の人権が国家を拘束するという場合は、国家権力と国民との関係の中で、権力を、国家を拘束している。このように性格が違うだろうと思います。

民法上、法律上の人権というのは、公法関係、私法関係、全てを含めたあらゆる領域において法律というのを適用し、あらゆる領域における権利として保障されています。こういう性格の違いを踏まえて、全体として総合的に人権保障というのを考える必要があります。

現在、憲法学では憲法上の人権として、その保障を考えるし、国際法学では国際法上の人権として国際人権の保障というのを考えている。科目上ばらばらになっています。これでは統一的、総合的に人権保障というのを考えることができないのではないか。そういうのを全部統一的に捉える学問として、大学などでも、人権を憲法で取り上げる、国際法で取り上げるというのではなく、人権という一つの科目で総合的に取り上げる、そういう科目を作っていく必要があると感じています。

横田　高橋さんが今まとめられた考え方というのは、国際法学者の中にも賛成する人がいるでしょうし、伊藤さんも実務の観点からそういうふうに捉えているのではないでしょうか。

伊藤　そうですね。素晴らしいと思います。私もヒューマンライツというディスコースがあって、ちゃんとそこで一体的に、憲法上の人権と国際人権法上の人権が違うみたいなことではなくて、一体的に話し合えていくといいのかなと思っております。

やはり国際人権法というのは、長年の積み重ねの中で、条約機関の専門家がNGOからの声であったり、各国のさまざまな実例、グッドプラクティスだったり、それから非常に不幸な違反事例から学んで、人権がどうあるべきか、いろいろな意見を踏まえて発展させてきています。ビジネスと人権に関する指導原則などもその発展の一形態だと思います。

憲法解釈も発展していると思いますが、国際人権法上で、例えば表現の自由、差別禁止、女性差別などは、条約機関の一般的見解の中で、制定当時からさまざまな経過を踏まえて、解釈基準が発展してきています。最先端の基準に基づいて、さまざまな解釈を公表していますので、そういったことが憲法解釈にも反映されていくと、やはり人権の保障がもっと豊かになっていくのではないかなと思っています。

横田　そうすると、ここで世界人権宣言というのは、また別のところから光を当てられることになります。高橋さんが言われた、ある意味で、実定法としての人権は憲法で規定され、それが解釈され適用されているのだが、実は国際人権条約の規定も実定国際法であって、それとは別に、その裏側にある、もっと高次元の人間の尊厳をもとにした人権という理念があって、それは憲法の裏側にもありますし、実は国際人権条約の裏側にもあるという考え方ですね。

そうやって見ていくと、では世界人権宣言というのは、実はそういうものを表現しているものなのかという疑問が出てきます。この点は今後の課題だと思いますが、滝澤さんコメントをお願いします。

滝澤　その点はとても大事な点だと思っています。薬師寺先生

がおっしゃいましたが、理念として個人の尊厳から人権が発することを示したところが、世界人権宣言の非常に重要な部分になりますが、同時に、世界人権宣言に定められた諸規定の根本に、高次元の尊厳に基礎を置いた人権の考え方を据えているかというと私はその性質ははっきりしていないとも思っています。そういう面を否定してはいませんが、内容をそう積極的に語ってもいません。世界人権宣言は、前文では法の支配によって人権を保護することが肝要であると書かれています。そうしますと、人権は高次の理念や原則のような形で人々が持つことをもともと想定されているかもしれないが、それを保障する法や救済の制度も用意していかなければいけないという要請もあるのです。世界人権宣言が、その根本に実定法とは異なる高次の人権の存在を前提としているか、その性質や効果は何か、そこは議論していく必要があると思っています。

　横田　そうですね。

　滝澤　世界人権宣言の意義を考える上で非常に重要なポイントかと思います。

　横田　滝澤さんが今言われたことは非常に大事な点で、例えば世界人権宣言が日本の裁判所で、あるいは国際裁判所で、裁判規範として機能するか、という問題を立てたときには、実は高次元の崇高な理念を書いている文書かどうかが問題ではなくて、果たして実定法として受け入れられているかどうかという現実的な問題になります。崇高な理念を表現している文書で、いろいろな実定人権規定の背後にあるものの考え方を示すものと見ると、裁判規範とは違う次元の問題になってくるということで、その辺の区別が必要となりますが、世界人権宣言はどちらなのか、その点に

ついて滝澤さんお願いします。

　滝澤　先ほど高橋先生が言ってくださったように、世界人権宣言は、実際には宣言なのだけれども国内法に取り込むことも求めていると思います。そうすれば、今先生がおっしゃった実定法化された裁判規範として世界人権宣言の規範内容が機能するということが出てくると思います。もう一方で、実定法の背後にある高次の人権なのかというところは、世界人権宣言に反するような場合には宣言の根本に高次元の理念が存在するがゆえに世界人権宣言を守るようその理念に従うべきという行為規範としての要請が働くということになるでしょうか。世界人権宣言は伊藤先生が言われたような、どこまでも発展していくその起点であって終着点ではないという、そういった発展する人権を創造する出発点になる理念を打ち出しているというところもあると思います。

　横田　そうですね。その点を否定してしまうと、世界人権宣言の今後の役割を考えたときに、非常に狭くなります。世界人権宣言から触発された新しい問題にも、世界人権宣言をもとに話が広がっていくということを考えることが、たぶん必要なのだろうと思います。

　では、今、議論したのは大変重要な基本的な問題ですけれど、他にご質問、ご意見等いかがでしょうか。薬師寺さん、何かありますか。

　薬師寺　理念的でなく、手続的な問題ですが。

　横田　どうぞご発言ください。

　薬師寺　私は強制失踪委員会の中でナショナル・ヒューマン・ライツ・インスティテューションの担当だったのです。国内人権委員会は、日本についてもいろいろな点で話題に出てきます。要

するにパリ原則に従った独立の国内人権委員会です。他方、京都や滋賀で人権のいろいろな会議に参加しますと、必ずといっていいほどお会いするのが人権擁護委員さんなのですね。その地域に根差して、私人間の人権侵害も含めて、日常的な人権問題に対応しているケースが多い場合がしばしばあるのです。

　そういう日常的な生活の中に組み込まれている仕組みがある中で、もう一方ではパリ原則に従った独立の委員会が必要だと言われます。確かに多くの人権条約実施機関の中には、パリ原則に基づいて国際的に認証された国内人権委員会については、国際的な条約手続きの中でも一定の地位を与えて、国家機関とは違うけれども、国家報告の審査などに一定の関与を行ってもらおうというような意見があります。

　他方で日本には多数の人権擁護委員の方がおられて、京都などでも各地区から人権擁護活動に参加されているわけです。これはこれで非常に大事なものであり、これをどう継承していくのか。私は両方両立させるべきだと思っています。

　横田　これは、山内さんが先ほど触れられたことでもありますので、山内さん、今の薬師寺さんの質問、どういうふうにお考えでしょうか。つまり人権擁護委員の制度が一方にあります。これは、世界に類を見ない、ある意味で非常に特異な制度であり機能しているのですが、他方で日本は国内人権機関がないと言って国際的に批判されていて、日本の近隣の国では、フィリピンもタイもインドネシアも韓国もみんな作っています。これは、日本としては不名誉ではないかというようなことも議論されています。国内に人権機関を作れということは、法務省に直接いろいろな形で要請が来ていると思いますが、その点と人権擁護委員の制度の調

整といいますか、その辺りをどういうふうに考えたらよろしいでしょうか。山内さん、いかがですか。

山内　人権擁護委員制度について申し上げますと、私の発表でも申し上げさせていただきましたが、あの制度もさまざまな分野の人で、まさに地域に根差した人たちが、地域の人権状況の改善に携わるので、国内人権委員会の話とはまた別に、やはり地域に根差した、それこそ地元の人が、その地域の情勢に、特殊性も踏まえた上で判断し、その地域の人であるからこそできる、より適切な人権相談の対応の仕方というのもあると思います。人権擁護委員と人権委員会とが両立するのかという話を突きつけられますと、それぞれの良さといいますか、独自性があるのではないかというふうに個人的には思います。

ただ、付け加えさせていただきますと、さっき1万4,000人という形で人権擁護委員の方がいると申しましたが、この方たちは給料をもらってやっているわけではなく、本当に頭が下がりますが、ある意味フルタイムの仕事を持ちながら合間でやっている方も多く、実費をお支払いするような形の予算でしかありません。そのような制約に応じた形での活動の仕方しかできていないという意味では、補い合う関係にはなるのだろうと思います。

横田　人権擁護委員の仕事には、人権相談とか、それから人権侵犯事案の処理があります。その多くが実は私人間の人権侵犯のケースが多いのです。憲法の先生にお伺いしたいのですが、憲法の立場からすると、一応、公権力による人権侵害というのが主な侵犯事例になってしまいますが、人権擁護委員が扱っているのはそういうものもありますが数の上でいうと非常に少なく、私人間の関係が非常に多いということを考えたとき、憲法の分野で人権

擁護委員の制度というのはどのように位置付けされ議論されているのでしょうか。

　木村　ご存じのようにほとんど議論されていない状況です。やはり憲法学者の主要な関心は、違憲立法審査制度における司法の法律上の合憲性の判断であって、私人間の人権問題は、民法とか労働法や刑事法において実現されていくと考えています。人権擁護機関や人権擁護委員というのは、そのサポートをしているというイメージになっているのだろうと思います。

　ただ、本当にそれでいいのかということは、私は若干疑問には思っており、高橋先生は、憲法の人権条項の私人間効力については、学会でも最も消極的な態度をとっておられると思います。確かに法律がしっかりしていれば、憲法をわざわざ持ち出さなくてもいいわけですが、法律で明記されているケースもあれば、あるいは法律にきちんと書いておかないと手が出しにくいケースもある。例えば最近の事例ですが東京医大の女性差別の件も、もちろん差別だという点は誰が見ても差別なわけですが、あのようにしてはいけないというふうに学校教育法に明文があるかというとありません。ですから、かなり工夫をして主張を組み立てないと訴訟になっていかないという面があり、そういうときに人権条項というものを利かせていかないといけない場面はやはりあるだろうと私は思っています。

　横田　ありがとうございました。

　実務の観点から山内さん、あるいは伊藤さん、何か憲法、国際法の方に聞いてみたいこと、またご意見があればお願いします。

　山内　私も法律家としては人権というのを憲法で学んだことがあるので、まさに国家に対する権利という意味では、逆にいろい

ろなところで人権ということで論評されるのは、若干、法律家と
しては違和感を感じていたのです。しかし、そんなことを言って
しまいますと、法務省の人権擁護局でいう人権って何だ、という
話になってしまいます。ましてや、いろいろな人権規範というふ
うになると、憲法の枠内で言いますと、それは何条で定める人権
なのかというふうに考えてしまいますので、そこがなかなか出て
こないところで、人権規範という話をするときに、法律家的には
少しぴくっと来るところはあるのです。人権擁護局の関心事項と
しまして、木村先生にお伺いできればと思っているのは、先ほど
の世界人権宣言のビンゴの話をされていて、これはいいアイデア
だというふうに思ったものですから、仮に世界人権宣言等を周知
するための同様のいろいろな取り組みとか、何かご示唆があれ
ば、是非教えていただきたいと思っています。

　横田　大事な点です。人権教育啓発活動を効果的に進めるた
めのいろいろなアイデアということですね。まず、木村さんお願い
します。

　木村　権利というのは使わないと意味がないので、純粋に条文
だけ教えられても、これって具体的にどういう場面で使うのか
が、なかなか分かりません。人権のビンゴというのは、よく言わ
れますが、日本人の風土として、権利を主張することに消極的で
あったりするという中で、子どもたちに権利を教えるのであれ
ば、権利を行使すればするほど得点になるような状況を設定し
て、ビンゴ表に書いた数字の条文を使えるときにはどんどん使い
ましょうというゲームにしてみたものなのです。

　実際これを娘の学校でやってみました。例えば、「市の職員が
朝ごはんの様子を調べに家の中に入ってきて、あなたの目玉焼き

を食べてしまいました」というお話をしたとすると、「財産権の侵害だから『財産権』が使えます」と答えてもらうというわけです。

そのお昼休みにたまたま筆箱の取り合いが起こった際、「私の財産権を侵害しないで」と子どもが言ったそうです。そういう形で権利教育をやってみると、筆箱の取り合いで財産権という発想はたぶんその学校にそれまでなかったはずですから、なかなかよく理解できたということになるのではないでしょうか。手を挙げて権利を行使してみる体験を疑似的にでもやってみるというのは、とてもいいことなのではないかなと思いました。

あとは、身近な人権問題を指摘していくということが大事です。例えば世界人権宣言の中には第3条に身体の安全の権利というのがあります。今、学校の中で危険な組体操が行われていることに対して安全啓発活動が行われており、なぜ安全を守らなければいけないのかについての説明の仕方にはいろいろあると思いますが、「皆さんには世界人権宣言にも書かれている身体の安全という権利があります」というふうに、身近な問題を解決する中で世界人権宣言にどんどん言及していくと、私たち一人一人の意識が変わっていき、世界人権宣言の照射効と言いましたが、そういうことが実現していくと思います。

横田　ありがとうございました。

伊藤さんはミャンマーの人権教育のことを紹介されましたが、そこでは世界人権宣言も人権も知らない人たちに、まさに子どもたちに教えるのと同じような形で広めていこうとしているわけですね。そうした中で何か新しい試みはやっていますか。

伊藤　先生がおっしゃるような新しい試みはそれほど行ってい

ないですね。ただ、とにかく条文をそもそも知らないので、例えば移動の権利ということですと、仮にこの州から別の州に移動するとき、憲兵が立っていて賄賂を渡さないと移動できない、実際はそのような人権状況ですので、移動の権利がありますと言っただけで大変感銘するのですよね。

　本当に普通のありきたりのことですね。例えば義務教育について教えても、それが自分の国では保障されていないということを逆に子どもたちが本当に生き生きと語る、またそれを聞いた別の州の子どもたちが、自分の州でもそうだ、自分たちも同じ悔しい思いをしている、と励まされたり刺激を受けたりしています。実際世界人権宣言の条文を読んで、この権利は自分たちの、あなたの周りで本当に保障されているか、とシンプルに聞いてみるだけで、いろいろな議論が出てきます。日本でも人権教育は本当に足りないと思っているのでこのようなシンプルな投げ掛け方で議論してみるということも、すごく大事かなと思っています。

　横田　よく分かりました。ありがとうございます。

フロアとの質疑応答

　横田　それでは、これからフロアの方から質問を受けたいと思います。質問をお持ちの方は、手を挙げていただけますでしょうか。

　フロアから1（山下泰子）　国際女性の地位協会という女性差別撤廃条約の研究・普及団体を31年間やってきた者です。山下泰子と申します。

　ご質問を申し上げたかったお相手がご都合で退席なさってし

まって大変残念ですが、外務省の三上国際法局長にご質問をさせ
ていただきたかったのです。三上局長は結びの言葉で、世界人権
宣言の理念の実現ということが大切であると言われました。また
アジア地域における人権に対しても貢献していきたいというふう
におっしゃいました。私も国際人権に大学の1年生のときに出
会って、個人の人権を国際的に保障するということにとても感動
し、以来半世紀以上になりました。

　その実効化のコアになるのが個人通報制度であると思っていま
す。日本は、個人通報制度のある選択議定書、あるいは選択条項
を一つも批准していないので、ここが最大の弱点だと思います。
先ほど先生方の議論の中で、人権というものをもっと統一的に考
えるべきであり、国内人権、国際人権、憲法上の人権という区分
けでなく考えるべきだ、とおっしゃったのに同感です。個人通報
制度を日本が批准すれば、否応なくそこに行き着くと思います。

　先月、私たち国際女性の地位協会などが、国連女性差別撤廃委
員会の委員で個人通報部会長のパトリシア・シュルツさんをお招
きして東京、京都、大阪、北九州でフォーラムを開催しました。

　そこでシュルツさんがおっしゃったのは、日本は選択議定書の
批准について心配し過ぎて躊躇しているのではないですか、とい
うことでした。国内の人権について国際基準に則って外部の評価
を受けること、それが、国内裁判所が女性の人権を尊重するよう
になるシグナルにもなり、日本の選択議定書の批准はアジア地域
のモデルにもなるでしょう、"Time is now!"、と話されました。

　実際、OECDの先進国では、女性差別撤廃条約そのものを批
准していないアメリカを除けば、全ての国が選択議定書の批准を
果たしています。

国内の人権というものを国際的な市場に出してみることです。伊藤さんのおっしゃったように国際的な人権機関はどんどん進化をしており、人権の内容もどんどん発展しています。そうした状況の市場に、日本の人権を出してみる。その勇気を是非日本国に持ってほしいと思います。私たちは共同行動を起こして、これから批准に向けてロビーイングなどもしていくつもりでおります。そこのところを、人権意識の高いスピーカーの皆さまに、もしできれば一言ずつ発言いただけたらうれしく思います。

横田　今の山下さんのコメントについて、どなたかご発言ありますか。伊藤さんからどうぞ。

伊藤　私も全く賛成です。今の日本の裁判所では、国際人権も憲法上の人権も本当に捉え方が狭く、国際的な人権基準が発展しているのに、非常に保守的な人権に関する考えになっていて、条約機関からも、もう少し国際人権規約のトレーニングをすべきだということを、いつも勧告をされています。にもかかわらず、日本の裁判官は外に出ていかない、国際人権基準には関心を示さない、というのが現状です。

結局、私たちも、例えば憲法上の人権論の主張、それから国際人権法上の人権論の主張をしても、特に国際人権法上の人権は全く最高裁が取り扱ってくれないということが非常に多いということがあります。もしこのようにして最高裁まで行っても救済されなかった事案が国際的な視点で見られて、国際水準に基づき女性差別撤廃委員会などから、やはりこれは人権侵害です、と言われるということは非常にインパクトが大きいと思いますし、日本の裁判実務にも大いに刺激を与えると思います。

木村先生にも意見書の提出を頂いたのですが、最近、私の同期

の裁判官がSNSで発言したことを理由に懲戒に掛けられました。その懲戒手続は最高裁が第一審で、認定が不当だと思っても不服申し立て機関すらありません。最高裁で懲戒されても不服申し立ての権利もない。一例としてそういう国際人権基準違反がまかり通っています。こうした事態については個人通報制度以外、どこにも行きようがないですよね。

　国連の視点から見て、日本の最高裁の判断が国際人権基準に即しているのか、きちんとレビューしていただけるチェック機能があると、非常に役に立つと思います。

　山下　ありがとうございます。

　横田　個人通報制度については、日本の国内の人権関係の団体、女性の権利の活動をしている方たちが女性差別撤廃条約の国内実施について個人通報制度を受け入れてほしいという要望をずっと出しておられます。この点について、憲法の方では何か議論というのはあるのでしょうか。

　高橋　特に議論はしてないのですけれども、書いた本の中では、そういう問題があることは多くの人が指摘しておりますね。とにかく憲法学というのは、憲法の解釈論を中心にやっていて、国際人権の問題にはなかなか手が回らないということではないかなと思います。

　横田　何か滝澤さんとか薬師寺さん。この点についてご意見はありますか。

　薬師寺　ふさわしいかどうか分かりませんが、強制失踪委員会の委員だった立場としては、どこの締約国も全部個人通報に入ってもらわないと困るというのが基本的な立場でして、それは今も変わりません。日本は、国家通報に関しては二つの条約で受け入

れています。強制失踪条約と拷問等禁止条約です。全部一律では
ないかもしれませんが、元委員としては当然個人通報手続きも受
諾してもらわないと困るという立場だということですね。

横田 かつては最高裁判所、あるいは下級審でもいいのです
が、判決が日本で確定したものについて、さらに国際的な委員会
で議論し、国際条約に基づく義務違反になるかどうか議論するこ
とになるのは、日本の憲法の三権分立や司法の独立の観点で問題
だという議論がありました。司法については最高裁が最終決定機
関という憲法の規定と整合しないという議論があったのですね。
こういう議論は、今でも憲法の方では主張されていますか。それ
とも、あまり議論されていないのでしょうか。

私たちはそういうふうに以前は聞いていたのですが。憲法学者
に限らず、日本の国内法の専門家の方は、個人通報手続を受け入
れることによって、最高裁判所の上にもう一つ裁判所を作ること
になるのではないかというような趣旨の議論があったと聞いてい
ます。最近はそれほど大きな声にはなっていないようですが。

高橋 それは通報制度がですか。

横田 はい、通報制度のことです。

高橋 通報制度について最高裁の上に来るというような議論
は、私自身はあまり見たことがありません。裁判所ではないとい
う理解の方が強いのではないかと思いますね。

横田 そうであれば、国際法の理解と一致しています。そうで
すよね、滝澤さん。つまり国際的な人権条約機関によって出され
た判断が、仮に日本のこの事例は条約規定違反だということだっ
たとしても、それによって例えば最高裁で確定した判決がくつが
えることはありませんし、法的拘束力があるわけでもないという

ことは、国際法の考えとしても、あるいは人権条約のもとの委員会の考え方としても共通しているのではないでしょうか。

滝澤 そうだと思います。個人通報制度で通報事案について出された人権条約機関による判断は高い国際的権威あるものですが、結局それは裁判判決をくつがえすということではなく、事案にかかわる裁判判決の確定そのものに影響は与えません。ですから、人権条約機関の判断を受けて、政府や立法機関において、今後どうするかという話になってくると理解しています。ある意味では山下先生がおっしゃったように、どのように、その通報によって国際人権の観点で事案が照らされてくるか、照らされた結果が返ってくるテストになるのだろうと思います。当然もし人権条約違反であるということであれば、是正のための努力をしなければいけないということは生じてくると思います。

山下先生のご意見に私も賛成で、そのような趣旨のことを書いたこともあります。お隣の韓国の場合は、金大中（キム・デジュン）大統領の下で、大統領のイニシアチブで国内人権機関の設置をはじめいろいろなことが進んだと聞いています。市民社会の声に加えて、UPR などにおいては日本政府に対していろいろな国が個人通報制度に入るよう繰り返し求めています。その声によって、政府の考え方もたぶん変わっていくでしょうし、あとは日本政府のリーダーシップに期待したいところです。

横田 それではフロアから、もう少しご質問いただきます。

フロアから2 貴重な議論ありがとうございます。現在東京大学大学院博士課程で勉強しておりますが、今月から国連人権高等弁務官事務所（OHCHR）の個人通報のセクションで働くことになりますので、今の議論は私の仕事に関しても役に立つもので、

ありがたく思っております。

　質問は個人通報制度ではなくて、むしろ条約機関の審査の方になるので、薬師寺先生と滝澤先生にお伺いします。いろいろな観点から、現在の審査、人権条約審査を見ておりますと、政府の報告書は同じことを繰り返しているような記述もありますし、それに対して建設的な対話というような目標はありますが、実際の審査の場で、やはり建設的な対話が行われているかというと非常に難しいこともあるのではないかと思います。

　さらに、法的拘束力がないということもありましたが、実際に出された勧告等が、どれだけ実効的に実現されていくのかというところで、条約審査体制についても非常に課題が多いのではないかと思っています。

　実際に委員をされたご経験から、現在の条約審査体制についてどのように思われ、もし改善するとすれば、ここは変えていくことが望ましいのではないかというところがあれば、是非お伺いしたいのですが。よろしくお願いいたします。

　横田　薬師寺さん、よろしいですか。お願いします。

　薬師寺　どうもありがとうございます。私が参加した委員会は、設立後まだ新しく、10人の委員で構成されています。おそらく条約体によってそれぞれ課題にも違いがあるので一概には言えないかと思います。そのことを踏まえた上で、例えば、私たちの委員会の場合は、10人という極めて少ない委員が、条約の実体規定を四つのパートに分けて、通常二名のカントリー・ラポルトゥール（国別報告者）が中心になって国の代表に質問を行います。カントリー・ラポルトゥールは公平性を保つために審査当日まで外部には分からない、そういった形で進めてきました。もち

ろん、それまでに委員は質問票を作ったり、何が争点になるかを明らかにしていきます。そのときに非常に役に立つのは、国内人権委員会およびNGOからの各種資料や国連の他の委員会での議論です。時間が非常に限られているという条件の下で、条約全体の履行状況について第1回目の報告審査で検討しなければならない。回を重ねていくにつれ各委員会がどのように焦点を合わせていくのかを考えていくことになると思います。しかしまだわれわれの委員会は、まず全体の状況をつかむことが課題です。

　非常に難しい問題は、ダブルトラックという問題です。現に重大な強制失踪が大規模に行われている国と、そうでない国が同じ時間で同じように議論されるということは問題だと感じている委員も多いのですが、そうかといって国家によって審査時間を変えましょうと言えるかといえば、それはできません。もっと時間が欲しいけれど、限られた中でやっているわけです。

　問題のある国については多くのNGOが来られます。われわれの委員会の場合は、必ず被害者の方が来られますので、そういう方々の意見を伺う時間をどう見出していくかも課題です。それから、先ほど出ました、独立した国内人権委員会にどういう役割を付与するかも検討課題です。NGOはもちろん参加できますが、発言はできません。対話の結果、総括所見では20ぐらいの勧告を決定します。20ぐらいの勧告の中から大体3つくらいの緊急性があるものをフォローアップの対象に選びます。複数の国を担当しているうちに、この辺が共通のポイントだということが分かってきますが、最初の頃はそういうものが分かりません。フォローアップの対象はこの国にとっては重要だという勧告を選びます。その課題に対する情報を1年後に報告してもらうことになり

ます。大体はきちんと報告を出してくれますが、それでも出す国、出さない国があります。

国家との間には信頼関係が必要ですが、同時に、国とは違う視点から強制失踪の実態を伝えてくれる各国の NGO や国際 NGO と良好な関係を持つことが必要なのだろうと思います。そのバランスについては 1 期や 2 期ではまだ分かりません。これは横田先生の方がよくご存じだと思います。

横田 先ほど山下さんが提起したのは個人通報で、これは国が受け入れないと、その制度は機能しませんが、今の質問は、一般的にそれぞれの人権条約で、それぞれの国がその規定をどう実施しているかということで、条約によって規定は少し違いますが、大体は 4 年に 1 回ぐらい、締約国に、まずその条約の実施状況について報告書を出させています。国は当然、うまくいっているという報告書になりがちですね。そうすると、それだけでは不十分だということで、人権の NGO、国内の NGO でも、国際的な NGO でもいいのですが、そういうところからの報告書も出してもらいます。日本ではカウンターレポートとも言っていますけれども、政府の報告書とはまた違う角度からの分析の書類を出してもらって、委員会は、その両方をきちんと見て、政府の代表を呼んで質問をしながら最終的に見解をまとめるというプロセスです。

これはどの国に対しても 4 年に 1 回ぐらいやりますから、受諾している国、していない国と関係なく締約国について全部やっていて、日本も批准している条約全部について定期的に審査を受けている状況です。

それでは、もう一人ぐらい、ご質問を受けたいと思います。

フロアから3 国際法というよりも国内法的な問題なのですけれども、旧優生保護法の補償の動きがあり、解決に向かっていて良いことだと思っています。この問題は、90年代初期に人権規約の委員会から勧告が出ましたし、女性差別撤廃委員会からも出て、足かけ20年以上かかってようやく補償という形での解決が見えてきました。でも政府の方は、当時は法律が正しかったからと言うわけですが、例えばハンセン病の問題でも、世界人権宣言でいう「移動の自由」がない、ずっと療養所に閉じ込められているという事態が、新憲法になっても続いていたわけです。そして家族を作ることも、優生手術によって子どもを持てなかったり、結婚しても子どもを持てないことから離婚せざるを得なくなったりということで、今回裁判をした方もいらっしゃいます。

先ほど法務省の山内さんが救済ということをおっしゃいましたが、国際人権ということが言われ、いろいろと変わっていく中で、20年もかかって救済ということでは時間がかかり過ぎだと思います。それはやはり議員も市民社会の代表ですから、市民社会ひいては自分たち自身が弱いということなのかなという気もしておりますが、本当の意味での効果的な救済というのは、どうしていくべきなのでしょうか。

今日、憲法の先生方と国際法の先生方のご議論を伺っていて、私も家族法について少し勉強していますが、家族法の国際学会でもよく言われるのは、「タコつぼ化」です。日本の場合、各条文の解釈に終始していて、全体をどうするか、どう救済するか、どうより良い方向に持っていくか、という議論になりにくいという指摘を受けることもあります。人権の本当の意味の救済というのはどういうことか、ということです。

第2部　今日および将来の国際社会、国内社会において世界人権宣言が持つ意義と役割　113

　横田　大変重要な問題提起だと思いますが、どなたか今の点についてご意見ありますか。薬師寺さん、どうでしょうか。

　薬師寺　われわれの委員会の経験ですが、もちろん今提起された救済の問題は、大変重要と考えています。ただ、従来人権条約の実施機関は、違反の認定が基本的な任務で、救済の内容は国家に委ねる場合が多かったのです。

　最近はその考え方からさらに踏み込んでいますが、委員会によって対応が分かれています。九つの条約の中で、救済のあり方について非常に詳細な部分に踏み込んでいるものもあります。例えば強制失踪委員会は相当細かく救済方法について踏み込みます。条約の第24条では、知る権利から始まって、被害者のレパレーション（損害補償）についてかなり細かく規定しています。これは起草過程でそのようになったということが大きいのですが。

　他の委員会にも少し影響が出始めています。例えば自由権規約委員会も強制失踪事件ではある程度、被害者からどういう救済が望まれているのかを踏み込んで勧告していく傾向があります。この救済方法を採用するかどうかは、条約本体がそれを認めているかどうかにも関わってくるので一概には言えないと思います。ただ国連全体として、被害者の立場に立った効果的救済に関するレポートが出て、決議も上がっていますね。

　横田　たしかに救済については配慮されていますが、今の質問に答えられるような明快な対応にはなっていないと思います。各国に任せているのが実情だと思います。ただ最近は薬師寺さんのおっしゃるとおり、国に救済をきちんとするように提言したり、それをその後フォローアップするようなこともありますね。

まだご質問があるかと思いますがそろそろ時間ですので、最後に発題者、コメンテーターの皆さまから一言ずつ１分程度でコメントを頂けますか。滝澤さんからお願いします。

　滝澤　ありがとうございます。今日は本当にいろいろと勉強になりました。世界人権宣言をもう一度読む中で、やはり世界人権宣言の条文がいろいろなことを可視化させてくれることを感じました。先ほどビンゴゲームのお話もありましたけれど、これは人権としてはこういうことなんだ、ということを具体的に分かりやすく見せてくれる、そういうものだと思います。

　もう一方で、世界人権宣言が、さまざまな個別の状況の人たちに寄り添っていないという大きな批判もあったと思うのです。そのため、女性の権利、子どもの権利、障がい者の権利などに発展し、それぞれの人権状況に即した人権条約ができてきたのだと思います。

　では、そうしたときに、この世界人権宣言の意味はどうなるのでしょうか。今人権がいろいろと発展してきた中で、中心はやはり人であるということだと思うのです。人権の内容もこれだけ発展してくると、この人は「女性である」、「マイノリティの女性である」といったように、カテゴライズしてその状況に即して人権問題を語り解決に向けることができるようになってきました。それ自体が重要で大きな発展ですが、世界人権宣言によればどのような状況にあっても「すべての人間は」「尊厳と権利とについて平等」です。世界人権宣言は、多様な属性による人権を考える今日において、個人を区別なく等しく人権を享有する人と見る、そういう視点に戻してくれると思います。

　横田　ありがとうございます。薬師寺さん、お願いします。

薬師寺　私はいろいろと話させていただきましたので次の方にどうぞお願いします。

横田　それでは高橋さん、どうぞ。

高橋　今日の私の話は、意識的に、できるだけ理念の問題に入らないようにしました。世界人権宣言の問題について議論すると、理念中心になることが多いと思います。これも非常に重要で、その理念がどういう役割を果たし、社会の中のいろいろな議論でどう使われていくべきかという議論が中心になるだろうと思います。それはそれで重要ですが、そこで私の方ではできるだけ実定法的な議論を提起しようとしました。国内で、最終的に裁判所、最高裁が認めなければ、理念だけを議論していても仕方がないのではないか。そこにたどり着くためにはどういう実定法上の問題があるかということを意識的に言っておいた方がいいのではないかと思い、そのような議論をさせていただきました。実際上、国際人権というのは非常にあやふやなところがありまして、国際法全体がそうかもしれませんが、実定法としてどこまで確立しているのかよく分からないところがあるだろうと思うのですね。そういう中で、どのように理論を組み立てて役に立てていくかという、非常に難しい領域の問題だということを実感いたしました。

横田　ありがとうございました。まさに私ども国際法研究者はその問題を抱えておりますので、大変身につまされるコメントでした。ありがとうございました。

では、木村さん、お願いします。

木村　本当に勉強になりました。いろいろな方のお話を聞いて、この分野はまだまだ分からないことばかりですけれど、個人

通報制度と裁判所の関係というのも、厳密に考えていくといろいろな論点がありそうだなと思って、今後の研究の目標設定の参考になるような会合でした。ありがとうございました。

横田　ありがとうございました。では、山内さん、お願いします。

山内　本日はどうもありがとうございました。本当にいろいろ勉強になりました。

　人権擁護局でも世界人権宣言70周年記念シンポジウムを行います[1]ので、お手元に案内があるかと思いますがどうぞご興味のある方はよろしくお願いいたします。また、人権擁護局のLINEのアカウントもできまして、人権イメージキャラクターのスタンプも無料配布中[2]ですのでよろしくお願いします。

横田　ありがとうございました。では、伊藤さん、最後にお願いします。

伊藤　今日は勉強になりました。本当にありがとうございました。先ほど高橋先生から出された人権学みたいなものが本当にできていくと、日本の人権はもっと豊かになるのではないかなと思います。また、世界人権宣言を実体化していくための契機として、フロアからも意見が出ましたように選択議定書の批准による個人通報制度の導入、また政府から独立した国内人権機関の設置を一日も早く実現し、国際水準に近付けていくという取り組みを、ご一緒にできればと思っております。

　また、世界人権宣言と実態との乖離ということで、特に弱い立場の人たちの間で人権が侵害されている状況があります。こうした場に来られないような人たちに私たちが寄り添って、その人権状況に耳を澄ませ、解決に知恵を絞っていくということが今後非

常に必要になってくると日々感じております。本日はどうもありがとうございました。

横田 大変重要なご指摘、ありがとうございました。

最後になりますけれど、私の方からも一言。今日の議論を通して分かったことは、どういう問題があるかということが明確に示されたということです。その意味で非常に刺激的でした。今後、このような、一つの分野を越えた議論を継続して、一つ一つの問題に取り組んで答えを出していくという試みを追求していくことが問われているのではないかというのが今日パネルを司会しての私の印象です。従って本日の議論は、これで終わりではなく、ここで出てきた問題を今後発展させていくための出発点だと思いますので、皆さまと一緒に今後もこれらの問題を考え、深めていきたいと思います。今日は貴重なご意見を賜りありがとうございました。

〈注〉

1　2018（平成 30）年 12 月 1 日に東京霞が関のイイノホールで実施。

2　配布期間終了済。

資　料

資料1　登壇者レジュメおよびパワーポイント
スライド

A. 滝澤美佐子教授のレジュメ

世界人権宣言の今日的意味—国際法の観点から—

桜美林大学大学院　滝澤　美佐子

はじめに　世界人権宣言の語られ方
　　　　　世界人権宣言の特別な地位と国際法の法源

1. 世界人権宣言と国際法の関係に関する主要な学説と実行
　　(1)　条約との関係
　　　①　国連憲章の解釈説
　　　②　後の人権条約の起草への貢献と人権条約解釈のための
　　　　　機能
　　　　a. 地域的人権条約等への影響
　　　　b. 普遍的人権条約等への影響
　　(2)　慣習国際法説
　　(3)　法の一般原則説
　　(4)　強行規範説

2. 国連機関による世界人権宣言の実施・適用
　　(1)　人権理事会における普遍的定期的審査（UPR）の審査
　　　　基準【資料1】

（2）　安全保障理事会決議を通じた実施の要請

（3）　国際司法裁判所の判決

（4）　国連の平和維持活動（PKO）ミッションによる実施
【資料2】

（5）　国連を介する企業やNGOのコミットメント【資料3】

3.　世界人権宣言の前文・本文の検討―時代的制約と今日的意味

（1）　前文および本文の検討

①　前文―世界人権宣言の性質・目的・趣旨

②　第1条　生来的自由、尊厳と権利の平等、理性と良心
をもつ人間の友愛の精神による行動

③　第2条　無差別、本宣言の掲げる諸権利を持つ権利

④　第3条から21条　市民的、政治的権利

⑤　第22条から27条　経済的、社会的、文化的権利

⑥　第28条　社会的、国際的秩序への権利

⑦　第29条　全ての者の社会に対する義務と権利の制限

⑧　第30条　破壊的活動への不承認

（2）　包括的な内容をもつ世界人権宣言

①　権利内容の包括性―市民的、政治的権利および経済
的、社会的、文化的権利、ならびに社会的・国際的秩
序についての権利を規定

②　権利の保障される空間―国家、共同体（社会）、家族、
社会集団・団体、国際共同体

③　人権保障の義務―国家、社会による人権保障の義務さ
らに個人（社会のすべての個人およびすべての機関）
の社会に対する義務の承認

おわりに　世界人権宣言の意味と課題、そして可能性

　　・国際法からみた世界人権宣言の法的意味

　　・世界人権宣言の諸条文が解決しえない問題

　　・世界人権宣言および国際人権法・システムの課題

　　　　　国家と人権の困難な課題—国家主権との関係、社

　　　　　会契約の範囲

　　　　　人権の淵源についての問い—自然権 vs. 社会（共

　　　　　同体）による保障

　　・世界人権宣言の可能性

【資料】

資料1　国連人権理事会の制度構築に関する決議（人権理事会決

　　　　議5/1 附属書）2007 年 6 月 18 日

I　普遍的定期審査の仕組み

A　審査の基礎

1　審査は次の文書に基づく。

（a）国際連合憲章（b）世界人権宣言（c）国が締約国となっている人権文書（d）国によってなされた自発的制約及び約束（人権理事会）の選挙における立候補の際になされたものを含む。

2　前記のものに加え、国際人権法と国際人道法との補完性及び相互関連性を踏まえ、審査は、適用可能な国際人道法を考慮に入れるものとする。

（日本語訳は岩沢雄司編集代表『国際条約集 2018』有斐閣、2018 年を参照）

資料2 国連東ティモール暫定統治機構　Regulation No.1999/1
　　　（UNTAET/REG/1999/1　1999 年 11 月 27 日）

Section 2 Observance of internationally recognized standards in exercising their functions, all persons undertaking public duties or holding public office in East Timor shall observe internationally recognized human rights standards, as reflected, in particular, in:

The Universal Declaration on Human Rights of 10 December 1948;

The International Covenant on Civil and Political Rights of 16 December 1966 and its Protocols;

The International Covenant on Economic, Social and Cultural Rights of 16 December 1966;

The Convention on the Elimination of All Forms of Racial Discrimination of 21 December 1965;

The Convention on the Elimination of All Forms of Discrimination Against Women of 17 December 1979;

The Convention Against Torture and other Cruel, Inhumane or Degrading Treatment or Punishment of 17 December 1984;

The International Convention on the Rights of the Child of 20 November 1989.

They shall not discriminate against any person on any ground such as sex, race, colour, language, religion, political or other opinion, national, ethnic or social origin, association with a national community, property, birth or all other status.

Section 3 Applicable law in East Timor

3.1 Until replaced by UNTAET regulations or subsequent

legislation of democratically established institutions of East Timor, the laws applied in East Timor prior to 25 October 1999 shall apply in East Timor insofar as they do not conflict with the standards referred to in section 2, the fulfillment of the mandate given to UNTAET under United Nations Security Council resolution 1272（1999）, or the present or any other regulation and directive issued by the Transitional Administrator.

資料3 企業による世界人権宣言へのコミットメント（国連事務総長特別代表ジョン・ラギーによる調査）より

5. Do your company's principles/practices reference any particular international human rights instruments? If so which one(s):

・ Global Compact   56.6%
・ ILO Declarations or Conventions   71.1%
・ OECD Guidelines   40.8%
・ Universal Declaration on Human Rights   61.8%
・ Other(iii)   26%

(iii) The top two "other instruments" included in the responses were the Voluntary Principles on Security and Human Rights (10%), and the Extractive Industries Transparency Initiative (4%).

出所：Ruggie(2006), p.11 および p.30 より転記

【主要参考文献】

ミシェリン・R・イシェイ（横田洋三監訳・滝澤美佐子・富田麻理・望月康恵・吉村祥子訳）『人権の歴史—古代からグローバリゼーションの時代まで』明石書店、2008 年

小坂田裕子「国際人権法における人間の尊厳（一）—世界人権宣言及び国際人権規約の起草過程を中心に—」『中京法学』46巻1・2号（2012年）

同「国際人権法における人間の尊厳（二）—世界人権宣言及び国際人権規約の起草過程を中心に—」『中京法学』46巻3・4号（2012年）

櫻井大三「国連総会決議に対する加盟国の賛成投票行動の法的評価—いわゆる「非条約的合議行為」論における禁反言の位相—」『國學院大學紀要』46巻（2008年）

芹田健太郎・薬師寺公夫・坂元茂樹『ブリッジブック国際人権法』信山社、2008年

白石理「すべての人と国が達成すべき権利と自由の基準—世界人権宣言の現代的意義」『部落解放』605号（2008年11月）

滝澤美佐子『国際人権基準の法的性格』国際書院、2004年

同「世界人権宣言の法的性質に関する新しい視点」『国際人権』10号（1999年）

寺谷広司『国際人権の逸脱不可能性—緊急事態が照らす法・国家・個人』有斐閣、2003年

ユネスコ編平和問題談話會譯『人間の権利』岩波書店、1951年

横田洋三「日本国憲法と世界人権宣言」『法学新報』116巻、3・4号（2009年）

Hilary Charlesworth and Emma Larking ed., *Human Rights and the Universal Periodic Review: Rituals and Ritualism,* （Cambridge University Press, Cambridge: 2014）

Hilary Charlesworth et.al., "Resolving Conflicting Human Rights Standards in International Law", The Panel at American

Society of International Law at April 19, 1999, *ASIL Proceedings* 85th Annual Meeting（1991）

Asbjørn Eide et.al.eds, *The Universal Declaration of Human Rights: A Commentary*,（Scandinavian University Press, Oslo: 1992）

Thomas Gammeltoft-Hansen and Hans Gammeltoft-Hansen, "The Right to Seek – Revisited. On the UN Human Rights Declaration Article 14 and Access to Asylum Procedures in the EU", *European Journal of Migration and Law*, Vol.10（2008）

Mary Ann Glendon, *A World Made New: Eleanor Roosevelt and the Universal Declaration of Human Rights*,（Random House, New York: 2001）

Hurst Hannum, "The Status of the Universal Declaration of Human Rights in National and International Law", *Georgia Journal of International and Comparative Law*, Vol.14（1995）

Mento T. Kamminga and Martin Scheinin, *The Impact of Human Rights Law on General International Law*,（Oxford University Press, Oxford: 2009）

John Gerald Ruggie, "Human Rights Policies and Management Practices of Fortune Global 500 Firms: Results of a Survey", Conducted by John G. Ruggie Harvard University and UN Secretary-General's Special Representative for Business & Human Rights, 1 September 2006, accessed at http://www. reports-and-materials.org/Ruggie-survey-Fortune-Global-500.pdf.

William A. Schabas ed., *The Universal Declaration of Human Rights: The Travaux Preparatoires*, Volumes I, II, III, (Cambridge University Press, Cambridge: 2013)

Dinah Shelton ed., *Commitment and Compliance: The Role of Non-binding Norms in the International Legal System*, (Oxford University Press, Oxford: 2007)

Egon Schwelb, "An Instance of Enforcing the Universal Declaration of Human Rights—Action by the Security Council", *International and Comparative Law Quarterly*, Vol.22, Issue 1 (1973)

Bruno Simma and Philip Alston, "The Sources of Human Rights Law: Custom, Jus Cogens, and General Principles", *Australian Yearbook of International Law*, Vol.12, (1988)

Johannes Morsink, *The Universal Declaration of Human Rights: Origins, Drafting and Intent*, (University of Pennsylvania Press, Philadelphia: 1999)

資料1　登壇者レジュメおよびパワーポイントスライド　129

B. 薬師寺公夫教授のパワーポイント・スライド

世界人権宣言採択70周年記念フォーラム
「世界人権宣言の今日的意味」
　　2018年11月2日、日本財団ビル大会議室

第1部

『世界人権宣言の法的性格
　　　　ー国際法の観点から』

コメンテーター
　　薬師寺　公夫（世界人権問題研究センター第5部部長
　　　　　　　　　　　　立命館大学特任教授）

1．世界人権宣言の法的性格に関する裁判所の捉え方の例

日本の国内裁判所における取扱いの1例（裁判規範として）

塩見訴訟最高裁判決（1989年3月2日判決）：宣言22条及び25条1項に関連して

「世界人権宣言（・・・）は、国際連合ないしその機関の考え方を表明した
ものであって、加盟国に対して**法定拘束力を有するものではない**」（形式
的法源としての総会決議の法的効力に着目）

＊世界人権宣言前文：「これらの権利及び自由の尊重を指導及び教育によって促進し、並びにそれら
の普遍的かつ効果的な承認及び遵守を国内的及び国際的な漸進的措置によって確保するよう努力する
ため、すべての人民とすべての国とが達成すべき共通の基準として、この世界人権宣言を公布する」

＊日本国憲法：1946年11月3日公布、1947年5月3日施行

＊世界人権宣言採択・1948年12月10日

＊対日平和条約：1952年4月28日発効「世界人権宣言の目的を実現するために努力し、国際連合憲章
第55条及び第56条に定められ且つ既に・・・日本国の法制によって作られはじめた安定及び福祉の条
件を日本国内に創造するために努力し」（前文）

＊我が国はすでに国連が採択した主要人権条約の当事国であり、法的には、日本に法定拘束力を有す
る憲法98条2項により国内法に一般的に受容された人権条約の国内的効力や自動執行力が論点

国際司法裁判所の判決に援用された例

テヘラン事件判決（1980年5月24日）
「違法に人間から自由を奪い彼らを困難な状況の下で身体を拘束することは、それ自体明白に**国連憲章の諸原則ならびに世界人権宣言に宣明された基本的諸原則と両立しない**。しかし、とりわけ強調しなければならないのは、イランのとった行動と、裁判所がその基本的性格を再度強調しなければならない外交及び領事法がその一部をなす国際法規則に基づき負う義務との間の抵触の程度と重大性である」（91項）

※ 主要には、外交・領事の特権免除の侵害の重大性を述べる前置きの部分で身体の自由の侵害が世界人権宣言と両立しないことに言及。ただし法的意味は必ずしも明瞭ではない（世界人権宣言との抵触の法的効果など）

引渡し事件ICJ判決（2012年7月20日）
「裁判所の意見では、拷問の禁止は慣習国際法の一部であり、強行規範（jus cogens）となった。この禁止は、**広範な国際実行と諸国の法的信念とに基づいている**。**このことは、世界的に適用される数多くの国際文書（特に世界人権宣言と1949年ジュネーブ諸条約、1966年自由権規約、拷問等禁止宣言）に表現され**、ほとんどすべての国の国内法に導入された。」（99項）

※ 慣習国際法規であることを証明する有力な証拠、拷問に対する諸国家の慣行と法的信念を確認するための証拠として採用

国際司法裁判所での当事国による援用とICJの対応

ディアロ事件ギニアのApplication

※ "Whereas, further, in detaining Mr. Diallo without trial or any form of charge, the Democratic republic of **the Congo violated the Universal Declaration of Human Rights** of 10 December 1948, which it has signed and ratified;"

（ III, The right to diplomatic protection）

その後外された。ICJは、ディアロの逮捕・拘禁につき、ギニアが主張したコンゴによる**自由権規約9条1項と2項およびアフリカ人権憲章6条**の違反の有無を審理し、ディアロの拘禁の必要性に関する審査が行われないまま長期の行政拘禁が行われた点、逮捕時に理由が告げられていない点等に着目して違反を認定（79－84項）。世界人権宣言にはふれず。

※ 「自由権規約委員会の解釈をモデルにすることを義務づけられないが、その条約の適用を監督するために設置された独立の機関により採用された解釈に大きな重みを与えるべきだと確信する」

※ イスラエルの壁建設事件の勧告的意見も、自由権規約12条1項、社会権規約6－7条、11－13条、児童の権利条約16条、24条、27－28条の違反を認定したが、世界人権宣言についてはふれず。

2．国連人権理事会の活動の根拠としての世界人権宣言

ウィーン宣言（1993年：45年後）：

「前文9項　すべての人民とすべての国が達成すべき共通の基準を構成する世界人権宣言は、**発想の根源であり**、既存の国際人権文書特に自由権規約と社会権規約に含まれているような**人権基準の設定を前進させる上で国連の礎**となってきた。」

＊国連人権条約をはじめ人権理事会の採択する殆どの国際人権文書の前文において言及される

国別決議を採択する際の前文への援用例

"Guided by the principles and objectives of the Charter of the United Nations, the Universal Declaration of Human Rights and the International Covenant on Human Rights"

"Reaffirming that all States have an obligation to promote and protect human rights and fundamental freedoms, as stated in the Charter of the United Nations and as elaborated in the Universal Declaration of Human Rights, the International Covenants on Human Rights and other applicable instruments"

普遍的定期審査での世界人権宣言の援用例（制度構築決議5/1）

審査の基礎としての世界人権宣言（行為規範）：事前質問やWGでまれに援用

（例）サウジアラビア（両規約の当事国でない。第3回目2018年11月5日審査）

英国：カショギ氏の殺害や表現に対する検閲に照らせば、サウジの法が**世界人権宣言19条に合致する**ように表現の自由を保障しているという主張をどのように説明できるのか？イスラム以外の私的な宗教的実践に対するサウジ政府の処罰は**世界人権宣言第18条の宗教の自由に反する**のではないか？（3回事前質問）

米国：個人に表現の自由と宗教の自由の権利を保障するという**世界人権宣言に基づく誓約**を実施するためにサウジはどのような措置をとっているのか（2回事前質問）

＊両規約の当事国でないマレーシア、キューバ、ナウル、カタール、南スーダン、北朝鮮では援用なし

＊カメルーン：ホモセクシャリティの処罰は同国の法秩序に従えば、世界人権宣言12条の規定に反するものではないし、同国の法は世界人権宣言26条2項と合致している（A/HRC/11/37）。

＊他は一般的にふれる程度。モーリシャス：世界人権宣言の確立した諸原則を十分尊重する（A/HRC/25/2）。マルタ：世界人権宣言その他の重要な文書への誓約を再確認する。

＊クウェート：世界人権宣言に定められた普遍的な原則と価値を支持するフィジーの明確な誓約を歓迎する。インド：世界人権宣言に定める基本原則と価値を確認する2013年の新フィジー憲法を歓迎する（A/HRC/28/2）。LRWC：多数の国がバーレン刑法と訴追を世界人権宣言を含む国際人権法と完全に合致させるように求めた。（A/HRC/36/2）

恣意的拘禁に関する作業部会の根拠：世界人権宣言6条

国連人権委員会決議1991/42により設置された作業部会で、**条約に基づくことなく個人の苦情を検討する権限**を付与されている。任務のひとつが、恣意的に又は世界人権宣言若しくは関係国が受け入れた関連国際法文書に定める国際基準と抵触する形で課された拘禁の事案を調査することにある。

世界人権宣言9条：**「何人も、恣意的に逮捕され、抑留され又は追放されない」**⇒世界人権宣言又はその国が批准した関連する国際文書に定める国際規定に違反する自由の剝奪を、便宜的に、「恣意的」とみなしている

作業部会が恣意的とみなしてきた拘禁：

①自由の剝奪を正当化する法的基礎を援用することが明らかにできないもの、

②世界人権宣言の7条、13条、14条、18条、19条、21条並びに当事国である場合には自由権規約の12条、18条、19条、21条、22条、25条、26条、27条が保障する権利又は自由の行使から自由の剝奪がなされたもの、あるいは、

③世界人権宣言及びその国が受け入れた関連国際文書に定める公正な裁判を受ける権利に関する国際規則の全面的又は一部不遵守がその自由の剝奪を恣意的なものとする程度のものであるとき。

これらを経て恣意的拘禁であったか否かを含む判断⇒他の手続制度との調整

条約規定の解釈/適用にも影響

3. 世界人権宣言と日本国憲法の人権

「日本国憲法の４つの一般的制約」（横田洋三「日本国憲法と世界人権宣言」）⇒①領域性（日本の領域）、②人権享受主体（「国民」）、③遵守主体（公権力）、④人権項目（憲法には書かれていない人権）

③人権の遵守主体：非国家主体による人権侵害

⇒非国家主体（ISやボコ・ハラム）の迫害と難民認定又はノン・ルフールマン原則の適用（拷問等禁止条約や強制失踪条約の定義＝国家機関の関与、重大な人権侵害へのアプローチの違いと世界人権宣言14条1項）

⇒ヘイトスピーチへの対応（2016年ヘイトスピーチ解消法、大阪市、川崎市、京都府市等自治体の取組）＝表現の自由との関連：世界人権宣言第30条：「この宣言のいかなる規定も、いずれかの国、集団又は個人に対して、この宣言に規定する権利及び自由のいずれかを破壊することを目的とする活動に従事し、又はそのような行為を行なう権利を認めるものと解釈することはできない」

⇒外国国家機関による領域内外での人権侵害（拉致問題）

アジアと世界人権宣言

東アジア（５カ国）と東南アジア（１１カ国）の１６カ国中
⇒**女性差別撤廃条約**と**子どもの権利条約**はすべての国が当事国
⇒**障害者権利条約**は１５カ国
⇒**社会権規約**と**自由権規約**は１２カ国と１１カ国
⇒**人種差別撤廃条約**と**拷問等禁止条約**は各１１カ国
⇒**移住労働諸条約**と**強制失踪条約**は各３カ国（2017年6月30日）
最近**留保**の撤回が多いがまだ留保は多い

アジア的人権論（価値相対主義は消滅したのか？）
2012年ASEAN人権宣言の**世界人権宣言**への言及

前文（世界人権宣言への言及）、一般原則1（世界人権宣言第1条）、2（平等差別の禁止）、3（法の前における人としての承認）⇔権利に対する義務、普遍性と地域性

ご静聴ありがとうございました。

C. 高橋和之名誉教授のレジュメ

世界人権宣言の法的性格——憲法の観点から

2018 年 11 月 2 日　高橋和之

はじめに

Ⅰ　国内法への編入

Ⅱ　自動執行力

　ポイント：　①私人の権利義務関係を直接実施する。

　　　　　　　②国内裁判所が直接適用しうる。

　①の「私人の権利義務関係」の意味は何か　→　後述の私人間効力問題に関係。

Ⅲ　国内法の段階構造における位置

　　(1) 憲法と条約の上下関係

　　(2) 条約と法律の上下関係

Ⅳ　国内法において果たす役割—憲法上の人権と国際法上の人権の関係

　・憲法上の人権の保障範囲と重なる部分については、国際人権の役割はない。

　・重ならない部分につき、法律を統制しうる。

　・人権諸条約が保障する範囲については、世界人権宣言の役割はない。

V 私人間効力

・国際人権（人権条約）は、憲法に近いのか、法律に近いのか。

・世界人権宣言は、私人間まで保障していると考えるべきか。

おわりに

D. 伊藤和子事務局長のレジュメ（パワーポイント・スライドを抄録）

世界人権宣言 70 周年に寄せて——法律実務家・NGO の観点から

弁護士　ヒューマンライツ・ナウ事務局長　伊藤和子

NGOで活動する弁護士として

　ヒューマンライツ・ナウ（Human Rights Now）は、日本を本拠とする、日本で初めての国際人権 NGO です。

　世界で今も続く深刻な人権侵害をなくすため、法律家、研究者、ジャーナリスト、市民など、人権分野のプロフェッショナルたちが中心となり、2006 年に発足しました。

　ヒューマンライツ・ナウは、国際的に確立された人権基準に基づき、紛争や人権侵害のない公正な世界を実現するため、日本から国境を越えて人権侵害をなくすために活動しています。

Fact Finding
事実調査

　世界中で続く人権侵害の多くは、誰からも光をあてられず、誰にも知られないことから深刻化していきます。

　私たちは、世界の深刻な人権侵害の現場で実態調査をして、被害者に代わって声をあげ、世界に発信します。

　私たちのプライオリティは、人々の命や尊厳を踏みにじる最も深刻な人権侵害、そして女性や子ども等、特に弱い立場に置かれた人々への人権侵害です。

写真：インドでの事実調査ミッション・幼児婚をした女性たちの声を聴く。

アドボカシー

私たちは人権問題を解決するため、国連・各国政府・企業など、問題解決に力を持ちうるアクターに
働きかけ、変化をもたらします。
ヒューマンライツ・ナウは国連から認定された NGO であり、国連の人権に関わる主要な会合に参加し、意見表明する権利があります。
この立場を活用し、国連の意思決定過程に影響を与えています。

写真：国連人権理事会にて。日本・世界の人権侵害に関して国連の行動を求め、発言しています。2013 年 9 月には国連の正式会合でシリアへの軍事行動はいっそうの人権侵害をもたらすとしてこれに反対する意見表明をしました。

エンパワーメント

世界の多くの国で、過酷な人権侵害を受けている人たちの多くが「人権」とは何かすら知る機会がありません。
私たちは人権侵害をなくしたいと考え、行動する人々に日本から講師を派遣して、「人権」に関するトレーニングとサポート

を行い、その国に生きる人々が人権状況を改善するための草の根のサポートをしています。

　写真：ヒューマンライツ・ナウが2009 ～ 2013 年まで運営支援をしてきた、ミャンマーの次世代リーダーに人権教育をする「ピースローアカデミー」卒業式の様子。卒業生の多くはいま、ミャンマーへ戻り、民主化の最前線で活躍中です。

HRN は世界の国際人権 NGO やアジアの人権団体とネットワークを形成。
深刻化する市民社会スペースへの抑圧

Empowerment
世界人権宣言を最も必要としている人たち
初めて国際人権法を学ぶ

　未来のリーダーを育てる。
　たくさんの若いリーダーがミャンマー民主化を支えるように。

国連ビジネスと人権に関する指導原則　（2011 年採択）
世界人権宣言に依拠した人権尊重の責任を求める。

11. Business enterprises should respect human rights. This means that they should avoid infringing on the human rights of others and should address adverse human rights impacts with which they are involved.

13. The responsibility to respect human rights requires that business enterprises:

  (a) Avoid causing or contributing to adverse human rights impacts through their own activities, and address such impacts when they occur;

  (b) Seek to prevent or mitigate adverse human rights impacts that are directly linked to their operations, products or services by their business relationships, even if they have not contributed to those impacts.

バングラデシュ・ラナプラザ事故

日本も例外ではない、グローバルサプライチェーン問題

女性の権利　CEDAW 発効から 30 年、北京女性会議から 20 年 制度は進みました。でも現実には？

- 1985 年　男女雇用機会均等法
- 1999 年　児童ポルノ・児童買春処罰法
- 2000 年　男女共同参画基本法
- 2000 年　ストーカー規制法
- 2001 年　DV 防止法
- 2014 年　リベンジポルノ法
- 2017 年　刑法改正
- 均等法では、セクハラ・マタハラを防止する義務も。

#MeToo

24 時間で 50 万回以上の tweet

日本では #Metoo は困難。声をあげた人を責める環境

加害者ではなく、被害者を責める社会の傾向

性行為には　明確な同意が必要とする法制化が進んでいる。
意識を越えるためにも声をあげられる社会に。

- ドイツ　他人の認識可能な意思に反して、その者に対する性的行為を行った者は、6 月以上 5 年以下の自由刑に処する。
- 台湾　暴行、脅迫、脅嚇、催眠術その他意思に反する方法を用いて性交した者は、3 年以上 10 年以下の有期懲役
- イギリス　被害者が関連する行為に対して同意を与えておらず、かつ、加害者が、被害者が同意を与えていると合理的に信じているのでない場合、性犯罪が成立する。
- スウェーデン　Rape が成立しないためには、被害者による「明示の同意」を必要とする。逆に言えば、「イエス」と言わない限り、不同意による Rape とされることになる。

韓国 #MeToo で進む法改正

業務、雇用その他の関係で、上司が部下に威力等を用いたり騙して性交渉をした場合は 7 年以下の懲役または罰金、性交以外

のわいせつ行為をした場合は3年以上の懲役または罰金
（今年10月の法改正で厳罰化）
　法律で、「雇用主、上司又は従業員は、職場におけるセクシュアル・ハラスメントを行ってはならない」という明確な禁止規定
　「業務上地位などによる姦淫・セクハラ」を行った公務員は、国家公務員法・地方公務員法によって当然退職になるとされている。法改正ですべての性犯罪に拡大

女性に限らない。
NOといえない理不尽なルールの強要

- 「おかしい」といえば叩かれてしまう。
- 声をあげられない。
- ブラック校則・ブラックバイト
- 狭い社会規範を逸脱した者へのバッシング
- 議会で乳児を同伴した議員への懲罰
- 人質事件での「自己責任論」

「恋愛しただけで制裁される」
恋愛禁止ルールは人権侵害？

仕事と人権は違う。それは本当でしょうか。

AV 出演強要被害

モデルにならない？タレントにならない？
信じて事務所と契約すると、命じられた仕事はアダルトビデオ。
断ったら違約金を支払えと言われる。
仕事だから、契約だから従わなければならない、と強要される女性たち

タレントとしてスカウトされすぐに露骨なビデオに出演させられる。

2460 万円以上の違約金請求

● 東京地裁がランドマークとなる判決
● 性行為は性質上業務を強いることが許されない。

私たちの調査報告書公表後、勇気を出して被害者の人たちが声をあげてくれて、この問題は大きな社会問題となり、政府が対策に乗り出しました。
女性たちが勇気を出して語り始め、事態は変わった。

不合理なルールは変えられる。

誰かが勇気を出して、声をあげ、世界を変えてきた。

ヘイトスピーチ

「許さないヘイトスピーチ」キャンペーン
調査・提言　→　2016 年解消法

LGBT　の方々に「生産性がない」との言動
障害者・・・津久井やまゆり園事件

人権侵害の構造

● 　人権侵害をする人が強い力を持っている。
● 　被害者は弱い立場に置かれ、孤立させられ、声をあげられない。
● 　人々の無関心

声をあげた人を一人にしない。

声をあげられる社会に
声をあげた人をみんなが応援する社会に

資料2　世界人権宣言

1948 年 12 月 10 日
国際連合総会採択

前文

　人類社会のすべての構成員の固有の尊厳と平等で譲ることのできない権利とを承認することは、世界における自由、正義及び平和の基礎であるので、

　人権の無視及び軽侮が、人類の良心を踏みにじった野蛮行為をもたらし、言論及び信仰の自由が受けられ、恐怖及び欠乏のない世界の到来が、一般の人々の最高の願望として宣言されたので、

　人間が専制と圧迫とに対する最後の手段として反逆に訴えることがないようにするためには、法の支配によって人権を保護することが肝要であるので、

　諸国間の友好関係の発展を促進することが、肝要であるので、

　国際連合の諸国民は、国際連合憲章において、基本的人権、人間の尊厳及び価値並びに男女の同権についての信念を再確認し、かつ、一層大きな自由のうちで社会的進歩と生活水準の向上とを促進することを決意したので、

　加盟国は、国際連合と協力して、人権及び基本的自由の普遍的な尊重及び遵守の促進を達成することを誓約したので、

　これらの権利及び自由に対する共通の理解は、この誓約を完全

にするためにもっとも重要であるので、

よって、ここに、国際連合総会は、

社会の各個人及び各機関が、この世界人権宣言を常に念頭に置きながら、加盟国自身の人民の間にも、また、加盟国の管轄下にある地域の人民の間にも、これらの権利と自由との尊重を指導及び教育によって促進すること並びにそれらの普遍的かつ効果的な承認と遵守とを国内的及び国際的な漸進的措置によって確保することに努力するように、すべての人民とすべての国とが達成すべき共通の基準として、この世界人権宣言を公布する。

第1条

すべての人間は、生れながらにして自由であり、かつ、尊厳と権利とについて平等である。人間は、理性と良心とを授けられており、互いに同胞の精神をもって行動しなければならない。

第2条

1　すべて人は、人種、皮膚の色、性、言語、宗教、政治上その他の意見、国民的若しくは社会的出身、財産、門地その他の地位又はこれに類するいかなる事由による差別をも受けることなく、この宣言に掲げるすべての権利と自由とを享有することができる。

2　さらに、個人の属する国又は地域が独立国であると、信託統治地域であると、非自治地域であると、又は他のなんらかの主権制限の下にあるとを問わず、その国又は地域の政治上、管轄上又は国際上の地位に基づくいかなる差別もしてはならない。

第3条

すべて人は、生命、自由及び身体の安全に対する権利を有する。

資料2　世界人権宣言　147

第4条

　何人も、奴隷にされ、又は苦役に服することはない。奴隷制度及び奴隷売買は、いかなる形においても禁止する。

第5条

　何人も、拷問又は残虐な、非人道的な若しくは屈辱的な取扱若しくは刑罰を受けることはない。

第6条

　すべて人は、いかなる場所においても、法の下において、人として認められる権利を有する。

第7条

　すべての人は、法の下において平等であり、また、いかなる差別もなしに法の平等な保護を受ける権利を有する。すべての人は、この宣言に違反するいかなる差別に対しても、また、そのような差別をそそのかすいかなる行為に対しても、平等な保護を受ける権利を有する。

第8条

　すべて人は、憲法又は法律によって与えられた基本的権利を侵害する行為に対し、権限を有する国内裁判所による効果的な救済を受ける権利を有する。

第9条

　何人も、ほしいままに逮捕、拘禁、又は追放されることはない。

第10条

　すべて人は、自己の権利及び義務並びに自己に対する刑事責任が決定されるに当っては、独立の公平な裁判所による公正な公開の審理を受けることについて完全に平等の権利を有する。

第 11 条

1　犯罪の訴追を受けた者は、すべて、自己の弁護に必要なすべての保障を与えられた公開の裁判において法律に従って有罪の立証があるまでは、無罪と推定される権利を有する。

2　何人も、実行の時に国内法又は国際法により犯罪を構成しなかった作為又は不作為のために有罪とされることはない。また、犯罪が行われた時に適用される刑罰より重い刑罰を課せられない。

第 12 条

何人も、自己の私事、家族、家庭若しくは通信に対して、ほしいままに干渉され、又は名誉及び信用に対して攻撃を受けることはない。人はすべて、このような干渉又は攻撃に対して法の保護を受ける権利を有する。

第 13 条

1　すべて人は、各国の境界内において自由に移転及び居住する権利を有する。

2　すべて人は、自国その他いずれの国をも立ち去り、及び自国に帰る権利を有する。

第 14 条

1　すべて人は、迫害を免れるため、他国に避難することを求め、かつ、避難する権利を有する。

2　この権利は、もっぱら非政治犯罪又は国際連合の目的及び原則に反する行為を原因とする訴追の場合には、援用することはできない。

第 15 条

1　すべて人は、国籍をもつ権利を有する。

2　何人も、ほしいままにその国籍を奪われ、又はその国籍を変更する権利を否認されることはない。

第16条

1　成年の男女は、人種、国籍又は宗教によるいかなる制限をも受けることなく、婚姻し、かつ家庭をつくる権利を有する。成年の男女は、婚姻中及びその解消に際し、婚姻に関し平等の権利を有する。

2　婚姻は、両当事者の自由かつ完全な合意によってのみ成立する。

3　家庭は、社会の自然かつ基礎的な集団単位であって、社会及び国の保護を受ける権利を有する。

第17条

1　すべて人は、単独で又は他の者と共同して財産を所有する権利を有する。

2　何人も、ほしいままに自己の財産を奪われることはない。

第18条

　すべて人は、思想、良心及び宗教の自由に対する権利を有する。この権利は、宗教又は信念を変更する自由並びに単独で又は他の者と共同して、公的に又は私的に、布教、行事、礼拝及び儀式によって宗教又は信念を表明する自由を含む。

第19条

　すべて人は、意見及び表現の自由に対する権利を有する。この権利は、干渉を受けることなく自己の意見をもつ自由並びにあらゆる手段により、また、国境を越えると否とにかかわりなく、情報及び思想を求め、受け、及び伝える自由を含む。

第20条

1　すべての人は、平和的集会及び結社の自由に対する権利を有

する。

2　何人も、結社に属することを強制されない。

第21条

1　すべて人は、直接に又は自由に選出された代表者を通じて、自国の政治に参与する権利を有する。

2　すべて人は、自国においてひとしく公務につく権利を有する。

3　人民の意思は、統治の権力の基礎とならなければならない。この意思は、定期のかつ真正な選挙によって表明されなければならない。この選挙は、平等の普通選挙によるものでなければならず、また、秘密投票又はこれと同等の自由が保障される投票手続によって行われなければならない。

第22条

すべて人は、社会の一員として、社会保障を受ける権利を有し、かつ、国家的努力及び国際的協力により、また、各国の組織及び資源に応じて、自己の尊厳と自己の人格の自由な発展とに欠くことのできない経済的、社会的及び文化的権利を実現する権利を有する。

第23条

1　すべて人は、勤労し、職業を自由に選択し、公正かつ有利な勤労条件を確保し、及び失業に対する保護を受ける権利を有する。

2　すべて人は、いかなる差別をも受けることなく、同等の勤労に対し、同等の報酬を受ける権利を有する。

3　勤労する者は、すべて、自己及び家族に対して人間の尊厳にふさわしい生活を保障する公正かつ有利な報酬を受け、かつ、

必要な場合には、他の社会的保護手段によって補充を受けることができる。

4　すべて人は、自己の利益を保護するために労働組合を組織し、及びこれに参加する権利を有する。

第24条

すべて人は、労働時間の合理的な制限及び定期的な有給休暇を含む休息及び余暇をもつ権利を有する。

第25条

1　すべて人は、衣食住、医療及び必要な社会的施設等により、自己及び家族の健康及び福祉に十分な生活水準を保持する権利並びに失業、疾病、心身障害、配偶者の死亡、老齢その他不可抗力による生活不能の場合は、保障を受ける権利を有する。

2　母と子とは、特別の保護及び援助を受ける権利を有する。すべての児童は、嫡出であると否とを問わず、同じ社会的保護を受ける。

第26条

1　すべて人は、教育を受ける権利を有する。教育は、少なくとも初等の及び基礎的の段階においては、無償でなければならない。初等教育は、義務的でなければならない。技術教育及び職業教育は、一般に利用できるものでなければならず、また、高等教育は、能力に応じ、すべての者にひとしく開放されていなければならない。

2　教育は、人格の完全な発展並びに人権及び基本的自由の尊重の強化を目的としなければならない。教育は、すべての国又は人種的若しくは宗教的集団の相互間の理解、寛容及び友好関係を増進し、かつ、平和の維持のため、国際連合の活動を促進す

るものでなければならない。

3 親は、子に与える教育の種類を選択する優先的権利を有する。

第27条

1 すべて人は、自由に社会の文化生活に参加し、芸術を鑑賞し、及び科学の進歩とその恩恵とにあずかる権利を有する。

2 すべて人は、その創作した科学的、文学的又は美術的作品から生ずる精神的及び物質的利益を保護される権利を有する。

第28条

すべて人は、この宣言に掲げる権利及び自由が完全に実現される社会的及び国際的秩序に対する権利を有する。

第29条

1 すべて人は、その人格の自由かつ完全な発展がその中にあってのみ可能である社会に対して義務を負う。

2 すべて人は、自己の権利及び自由を行使するに当っては、他人の権利及び自由の正当な承認及び尊重を保障すること並びに民主的社会における道徳、公の秩序及び一般の福祉の正当な要求を満たすことをもっぱら目的として法律によって定められた制限にのみ服する。

3 これらの権利及び自由は、いかなる場合にも、国際連合の目的及び原則に反して行使してはならない。

第30条

この宣言のいかなる規定も、いずれかの国、集団又は個人に対して、この宣言に掲げる権利及び自由の破壊を目的とする活動に従事し、又はそのような目的を有する行為を行う権利を認めるものと解釈してはならない。

資料3　日本国憲法の人権規定

1946 年 11 月 3 日公布
1947 年 5 月 3 日施行

第三章　国民の権利及び義務

第 11 条　［基本的人権の宣言］

　国民は、すべての基本的人権の享有を妨げられない。この憲法が国民に保障する基本的人権は、侵すことのできない永久の権利として、現在及び将来の国民に与へられる。

第 12 条　［自由・権利の保持責任、その濫用の禁止、利用の責任］

　この憲法が国民に保障する自由及び権利は、国民の不断の努力によつて、これを保持しなければならない。又、国民は、これを濫用してはならないのであつて、常に公共の福祉のためにこれを利用する責任を負ふ。

第 13 条　［個人の尊重と公共の福祉］

　すべて国民は、個人として尊重される。生命、自由及び幸福追求に対する国民の権利については、公共の福祉に反しない限り、立法その他の国政の上で、最大の尊重を必要とする。

第 14 条　［貴族制度の禁止・栄典授与の制限・法の前の平等］

1　すべて国民は、法の下に平等であって、人種、信条、性別、社会的身分又は門地により、政治的、経済的又は社会的関係において、差別されない。

2 華族その他の貴族の制度は、これを認めない。

3 栄誉、勲章その他の栄典の授与は、いかなる特権も伴はない。栄典の授与は、現にこれを有し、又は将来これを受ける者の一代に限り、その効力を有する。

第15条 ［公務員を選任免職する権利・公務員の性質・普通選挙の保障・投票の秘密の保障］

1 公務員を選定し、及びこれを罷免することは、国民固有の権利である。

2 すべて公務員は、全体の奉仕者であつて、一部の奉仕者ではない。

3 公務員の選挙については、成年者による普通選挙を保障する。

4 すべて選挙における投票の秘密は、これを侵してはならない。選挙人は、その選択に関し公的にも私的にも責任を問はれない。

第16条 ［請願権］

何人も、損害の救済、公務員の罷免、法律、命令又は規則の制定、廃止又は改正その他の事項に関し、平穏に請願する権利を有し、何人も、かかる請願をしたためにいかなる差別待遇も受けない。

第17条 ［国や公共団体の損害賠償責任］

何人も、公務員の不法行為により、損害を受けたときは、法律の定めるところにより、国又は公共団体に、その賠償を求めることができる。

第18条 ［奴隷的な拘束・苦痛を伴う労役からの自由］

何人も、いかなる奴隷的拘束も受けない。又、犯罪に因る処罰

の場合を除いては、その意に反する苦役に服させられない。

第19条 ［思想と良心の自由］

思想及び良心の自由は、これを侵してはならない。

第20条 ［信教の自由］

1　信教の自由は、何人に対してもこれを保障する。いかなる宗教団体も、国から特権を受け、又は政治上の権力を行使してはならない。

2　何人も、宗教上の行為、祝典、儀式又は行事に参加することを強制されない。

3　国及びその機関は、宗教教育その他いかなる宗教的活動もしてはならない。

第21条 ［集会・結社・表現の自由、検閲の禁止・通信の秘密］

1　集会、結社及び言論、出版その他一切の表現の自由は、これを保障する。

2　検閲は、これをしてはならない。通信の秘密は、これを侵してはならない。

第22条 ［居住・移転・職業選択・営業の自由、外国移住・旅行の自由、国籍を離れる自由］

1　何人も、公共の福祉に反しない限り、居住、移転及び職業選択の自由を有する。

2　何人も、外国に移住し、又は国籍を離脱する自由を侵されない。

第23条 ［学問の自由］

学問の自由は、これを保障する。

第24条 ［家族生活における個人の尊さと男女の平等］

1　婚姻は、両性の合意のみに基いて成立し、夫婦が同等の権利

を有することを基本として、相互の協力により、維持されなければならない。

2　配偶者の選択、財産権、相続、住居の選定、離婚並びに婚姻及び家族に関するその他の事項に関しては、法律は、個人の尊厳と両性の本質的平等に立脚して、制定されなければならない。

第25条　［国民が人間らしく生活する権利・これを実現する国の社会保障的義務］

1　すべて国民は、健康で文化的な最低限度の生活を営む権利を有する。

2　国は、すべての生活部面について、社会福祉、社会保障及び公衆衛生の向上及び増進に努めなければならない。

第26条　［教育を受ける権利・教育を受けさせる義務］

1　すべて国民は、法律の定めるところにより、その能力に応じて、ひとしく教育を受ける権利を有する。

2　すべて国民は、法律の定めるところにより、その保護する子女に普通教育を受けさせる義務を負ふ。義務教育は、これを無償とする。

第27条　［勤労する権利とその義務・勤労条件に関する基準を法律で定めること・児童の酷使の禁止］

1　すべて国民は、勤労の権利を有し、義務を負ふ。

2　賃金、就業時間、休息その他の勤労条件に関する基準は、法律でこれを定める。

3　児童は、これを酷使してはならない。

第28条　［勤労者の団結権と団体交渉権］

　勤労者の団結する権利及び団体交渉その他の団体行動をする権

利は、これを保障する。

第29条 ［財産権の保障］

1 財産権は、これを侵してはならない。

2 財産権の内容は、公共の福祉に適合するやうに、法律でこれを定める。

3 私有財産は、正当な補償の下に、これを公共のために用ひることができる。

第30条 ［納税の義務］

国民は、法律の定めるところにより、納税の義務を負ふ。

第31条 ［適正手続の保障］

何人も、法律の定める手続によらなければ、その生命若しくは自由を奪はれ、又はその他の刑罰を科せられない。

第32条 ［裁判を受ける権利］

何人も、裁判所において裁判を受ける権利を奪はれない。

第33条 ［逮捕に対する保障］

何人も、現行犯として逮捕される場合を除いては、権限を有する司法官憲が発し、且つ理由となつてゐる犯罪を明示する令状によらなければ、逮捕されない。

第34条 ［身体の拘束に対する保障・拘束の理由を確かめることの保障］

何人も、理由を直ちに告げられ、且つ、直ちに弁護人に依頼する権利を与へられなければ、抑留又は拘禁されない。又、何人も、正当な理由がなければ、拘禁されず、要求があれば、その理由は、直ちに本人及びその弁護人の出席する公開の法廷で示されなければならない。

第35条 ［令状によることなく、同意を得ずに住居や所持品の

点検をしたり、さらに強制的に取り上げたりすること
はできないことの保障]

1　何人も、その住居、書類及び所持品について、侵入、捜索及
び押収を受けることのない権利は、第33条の場合を除いては、
正当な理由に基いて発せられ、且つ捜索する場所及び押収する
物を明示する令状がなければ、侵されない。

2　捜索又は押収は、権限を有する司法官憲が発する各別の令状
により、これを行ふ。

第36条　[拷問と残酷な刑罰の禁止]
公務員による拷問及び残虐な刑罰は、絶対にこれを禁ずる。

第37条　[公平な裁判所による速やかな公開の裁判を受ける権
利、反対尋問などの質問をする権利、国費で証人を請
求する権利、弁護人を依頼する権利]

1　すべて刑事事件においては、被告人は、公平な裁判所の迅速
な公開裁判を受ける権利を有する。

2　刑事被告人は、すべての証人に対して審問する機会を充分に
与へられ、又、公費で自己のために強制的手続により証人を求
める権利を有する。

3　刑事被告人は、いかなる場合にも、資格を有する弁護人を依
頼することができる。被告人が自らこれを依頼することができ
ないときは、国でこれを附する。

第38条　[自己に不利益な供述、自白の証拠能力]

1　何人も、自己に不利益な供述を強要されない。

2　強制、拷問若しくは脅迫による自白又は不当に長く抑留若し
くは拘禁された後の自白は、これを証拠とすることができな
い。

3 何人も、自己に不利益な唯一の証拠が本人の自白である場合には、有罪とされ、又は刑罰を科せられない。

第39条 ［さかのぼって罰することの禁止・同一犯罪を重ねて裁判することの禁止］

何人も、実行の時に適法であつた行為又は既に無罪とされた行為については、刑事上の責任を問はれない。又、同一の犯罪について、重ねて刑事上の責任を問はれない。

第40条 ［刑事補償請求権］

何人も、抑留又は拘禁された後、無罪の裁判を受けたときは、法律の定めるところにより、国にその補償を求めることができる。

関連規定
第六章　司法
第81条 ［違憲立法審査権］

最高裁判所は、一切の法律、命令、規則又は処分が憲法に適合するかしないかを決定する権限を有する終審裁判所である。

第十章　最高法規
第97条 ［侵すことのできない永久の権利としての基本的人権］

この憲法が日本国民に保障する基本的人権は、人類の多年にわたる自由獲得の努力の成果であつて、これらの権利は、過去幾多の試練に堪へ、現在及び将来の国民に対し、侵すことのできない永久の権利として信託されたものである。

第98条 ［憲法の最高法規性・条約及び確立された国際法規の誠実な遵守］

1 この憲法は、国の最高法規であつて、その条規に反する法

律、命令、詔勅及び国務に関するその他の行為の全部又は一部
は、その効力を有しない。

2　日本国が締結した条約及び確立された国際法規は、これを誠
実に遵守することを必要とする。

第99条　［憲法尊重の義務］

天皇又は摂政及び国務大臣、国会議員、裁判官その他の公務員
は、この憲法を尊重し擁護する義務を負ふ。

資料4　世界人権宣言と日本国憲法の人権項目比較表

〔人権項目〕	〔世界人権宣言の該当条文〕	〔日本国憲法の該当条文〕
自由・平等	1条	13条、14条
差別の禁止	2条（1）	14条
生命・身体の安全	3条	13条
奴隷の禁止	4条	18条
拷問の禁止	5条	36条
個人の尊重	6条	13条
法の下の平等	7条	14条（1）
貴族の禁止	—	14条（2）
裁判による救済の権利	8条	17条、32条、40条
逮捕・拘禁等に対する保障	9条	33条、34条
裁判を受ける権利	10条	32条、37条（1）
無罪の推定	11条（1）	—
遡及処罰の禁止	11条（2）	39条
罪刑法定主義	11条（2）	—
一事不再理	—	39条
刑事補償の権利	—	40条
プライバシーの保護	12条	—
幸福追求の権利	—	13条
住居等の不可侵	12条	35条
通信の秘密	12条	21条（2）
移動・居住の自由	13条（1）、（2）	22条（1）
迫害から避難する権利	14条	—
国籍保持・変更の権利	15条	22条（2）
結婚の自由	16条（2）	24条（1）
財産権	17条（1）	29条（1）
思想・良心・信教の自由	18条	19条、20条（1）
表現の自由	19条	21条（1）
検閲の禁止	—	21条（2）
集会・結社の自由	20条（1）	21条（1）
参政権	21条	15条
請願権	—	16条
社会保障を受ける権利	22条	25条（2）
労働の権利	23条	27条（1）
職業選択の自由	23条（1）	22条（1）
学問の自由	—	23条
休息の権利	24条	27条（2）
生活の保障	25条（1）	25条（1）
母子の保護	25条（2）	
教育の権利	26条	26条
文化的生活を営む権利	27条	25条（1）
人権実現の権利	28条	［11条］
他人の人権の尊重	29条（2）	［12条］

注：「－」は該当条文がないことを表している。また［］内の条文は、明確に該当しているとはいえないが、ある程度関連する条文であることを示すものである。

（作成者：横田洋三）

資料5　世界人権宣言に言及する主要な人権条約（採択順）

1. 普遍的人権条約

・難民条約（難民の地位に関する条約）：1951年採択、1954年効
力発生、1982年日本国効力発生、当事国146

・人種差別撤廃条約（あらゆる形態の人種差別の撤廃に関する国
際条約）：1965年採択、1969年効力発生、1996年日本国効
力発生、当事国179

・社会権規約（経済的、社会的及び文化的権利に関する国際規
約）：1966年採択、1976年効力発生、1979年日本国効力発生、
当事国169

・自由権規約（市民的及び政治的権利に関する国際規約）：1966
年採択、1976年効力発生、1979年日本国効力発生、当事国
172

・女性差別撤廃条約（女子に対するあらゆる形態の差別の撤廃に
関する条約）：1979年採択、1981年効力発生、1985年日本
国効力発生、当事国189

・拷問等禁止条約（拷問及び他の残虐な、非人道的な又は品位を
傷つける取扱い又は刑罰に関する条約）：1984年採択、1987
年効力発生、1999年日本国効力発生、当事国165

・子どもの権利条約（児童の権利に関する条約）：1989年採択、
1990年効力発生、1994年日本国効力発生、当事国196

・強制失踪条約（強制失踪からのすべての者の保護に関する国際

条約）：2006 年採択、2010 年効力発生、2010 年日本国効力
発生、当事国 59

・障がい者権利条約（障害者の権利に関する条約）：2006 年採択、
2008 年効力発生、2014 年日本国効力発生、当事国 176（他
に欧州連合）

2. 地域的人権条約

・欧州人権条約（人権及び基本的自由の保護のための条約）：
1950 年署名、1953 年効力発生、当事国欧州評議会加盟の 47

・米州人権条約（人権に関する米州条約）：1969 年採択、1978 年
効力発生、当事国米州の 23

・バンジュール憲章（人及び人民の権利に関するアフリカ憲章）：
1981 年採択、1986 年効力発生、当事国アフリカ連合加盟の
54

・アセアン（ASEAN）人権宣言：2012 年採択、当事国アセアン
加盟の 10

〈注〉当事国数は岩澤雄司ほか編『国際条約集』（2019 年版）による。

索　引

ICJ　29, 32, 61, 62, 130（→国際
　司法裁判所）
ILO　60, 74, 125
LGBT　30, 45, 143
SDGs　14, 55（→持続可能な開
　発目標）
UPR　24, 30, 31, 59, 108, 121（→
　普遍的定期的審査）

あ 行

アフリカ人権憲章（アフリカ統一
　機構憲章）　21, 29, 130（→人
　と人民の権利に関するアフリ
　カ憲章）
違憲立法審査　45, 100, 159
ウィーン（人権）宣言　20, 30,
　131
欧州人権裁判所　44, 60, 62（→
　ヨーロッパ人権裁判所）
欧州人権条約　21, 44, 164（→
　ヨーロッパ人権条約）

か 行

慣習国際法　19, 22, 23, 24, 25, 29,
　54, 121, 130（→国際慣習法）
慣習法　22, 23, 25, 29

強行規範　23, 29, 91, 121, 130
強制失踪委員会　26, 31, 59, 60, 97,
　106, 113
強制失踪条約　55, 86, 87, 107, 132,
　133, 163
強制労働　75
憲法優位説　36, 37
行為規範　30, 97, 131
公法　35, 85, 94
拷問　22, 23, 29, 32, 55, 130, 147,
　158, 161
拷問等禁止委員会　31
拷問等禁止条約　55, 76, 107, 132,
　133, 163
国際慣習法　72, 91（→慣習国際
　法）
国際司法裁判所　24, 28, 29, 61,
　122, 130（→ ICJ）
国際人権規約　9, 21, 22, 24, 31, 42,
　49, 55, 105, 126
国際人権章典　54
国内人権機関（国内人権委員会）
　　97, 98, 99, 108, 110, 116
国連憲章　14, 20, 28, 30, 53, 54, 56,
　61, 62, 121, 130
国連人権高等弁務官（事務所）

17, 19

個人通報　59, 60, 104, 106, 107, 108, 109, 111, 115, 116

個人の尊厳　30, 91, 96, 156

子どもの権利条約　76, 133, 163 （→児童の権利に関する条約）

さ　行

裁判規範　23, 28, 30, 43, 96, 97, 129

ジェノサイド　22, 54

私人間　35, 38, 39, 74, 85, 86, 87, 88, 92, 98, 99, 100, 135

私人間効力　35, 38, 43, 85, 100, 134, 135

持続可能な開発目標　14, 55（→ SDGs）

自動執行力　28, 34, 35, 84, 129, 134

児童の権利（に関する）条約　55, 130, 163（→子どもの権利 条約）

児童労働　75

私法　94

社会権　21, 22, 25, 27

社会権規約　22, 24, 31, 42, 55, 76, 130, 131, 133, 163

自由権　21, 22, 25, 56, 57, 178, 180

自由権規約　22, 23, 24, 29, 31, 55,

60, 76, 130, 131, 132, 133, 163

自由権規約委員会　60, 61, 113, 130

受容方式　34

障害者権利条約（障がい者権利条 約）　55, 56, 133, 164

照射効　43, 44, 45, 102

条約優位説　37

女性差別撤廃委員会（女子差別撤 廃委員会）　60, 104, 105, 112

女性差別撤廃条約（女子差別撤 廃条約）　55, 76, 103, 104, 106, 133, 163

（国連）人権委員会　4, 54, 58, 60, 132

人権教育　9, 26, 46, 72, 101, 102, 103, 138

人権擁護委員　50, 63, 64, 66, 98, 99, 100

人権理事会　24, 30, 58, 59, 60, 72, 74, 121, 123, 131, 137

人種差別撤廃委員会　59, 60

人種差別撤廃条約　49, 55, 76, 133, 163

人身取引　75

世界人権会議　19, 20, 30

た　行

直接適用　34, 88, 91, 134

奴隷　22, 23, 75, 76, 147, 154, 161

な 行

難民 10, 25, 132, 163

人間の尊厳 13, 14, 26, 53, 91, 95, 126, 145, 150

は 行

ハンセン病 58, 59, 112

ビジネスと人権に関する指導原則 25, 74, 75, 85, 95, 138

人と人民の権利に関するアフリカ憲章（人及び人民の権利に関するアフリカ憲章） 21, 164 （→アフリカ人権憲章）

普遍的（・）定期（的）審査（普遍的・定期的レビュー） 24, 30, 59, 121, 123, 131 （→ UPR）

ヘイトスピーチ 10, 45, 69, 87, 132, 143

変型方式 34

変型理論 88

や 行

ヨーロッパ人権裁判所 45 （→欧州人権裁判所）

ヨーロッパ人権条約 45 （→欧州人権条約）

ら 行

留保 22, 42, 43, 91, 133

フォーラム登壇者紹介（登壇順。肩書は登壇時）

大谷　　實	公益財団法人世界人権問題研究センター理事長
坂元　茂樹	同志社大学教授
滝澤美佐子	桜美林大学大学院教授
薬師寺公夫	立命館大学特任教授
高橋　和之	東京大学名誉教授
木村　草太	首都大学東京法学部法学科法律学コース教授
三上　正裕	外務省国際法局長
山内　由光	法務省大臣官房審議官
伊藤　和子	認定 NPO 法人ヒューマンライツ・ナウ事務局長
横田　洋三	公益財団法人人権教育啓発推進センター理事長

※フォーラム登壇者であり本書監修者であった横田洋三氏は、2019 年 6 月 12 日に急逝されました。ここに謹んで哀悼の意を表します。

世界人権宣言の今日的意義
―世界人権宣言採択 70 周年記念フォーラムの記録―

監修

横田洋三

大谷　實

坂元茂樹

2019 年 8 月 20 日初版第 1 刷発行

・発行者――石井　彰　　　　　　・発行所

印刷・製本／モリモト印刷株式会社

© 2019 by Yozo Yokota
　　　　　Minoru Oya
　　　　　Shigeki Sakamoko

（定価＝本体価格 1,200 円＋税）

ISBN978-4-87791-298-7 C3032 Printed in Japan

KOKUSAI SHOIN Co., Ltd.
3-32-6, HONGO, BUNKYO-KU, TOKYO, JAPAN.

株式会社 **国際書院**

〒113-0033 東京都文京区本郷 3-32-6-1001

TEL 03-5684-5803　　FAX 03-5684-2610

E メール：kokusai@aa.bcom.ne.jp

http://www.kokusai-shoin.co.jp

本書の内容の一部あるいは全部を無断で複写複製（コピー）することは法律でみとめられた場合を除き、著作者および出版社の権利の侵害となりますので、その場合にはあらかじめ小社あて許諾を求めてください。

国際法

シドニー・D・ベイリー（庄司克宏／庄司真理子／則武輝幸／渡部茂己　共訳）

国際連合

906319-18-1　C3032　　　　　　　A5判　194頁　2,800円

初心者向けの国連への手引書である。国連の目的と構造、加盟国が国連内で組織するグループ及びブロック、国連が世界平和の維持に果たす役割、軍備縮小及び人権保護というテーマが扱われ、より優れた国連を展望する。　　　　　　　（1990.11）

モーリス・ベルトラン（横田洋三監訳）

国連再生のシナリオ

906319-19-×　C3031　　　　　　　A5判　197頁　2,800円

国際機構、平和、世界統合などに纏わる危険性、変革のプロセス、及び国際政治との関係について論じる。経済国連を目指し、国家レベルと国際社会レベルとのバランスある協力構造の模索、更に人民レベルの代表制を未来に描く。　　　（1991.5）

モーリス・ベルトラン（横田洋三／大久保亜樹訳）

国連の可能性と限界

906319-59-9　C1031　　　　　　　四六判　223頁　2,136円

国連について、創設時から90年代初めまでのPKOや開発援助、人権などの分野における活動を詳細に分析し、それを国際社会の歴史の文脈の中で位置づけ、国連の可能性と限界を明示する。国連の問題点と可能性を知る最良の書。　　　（1995.5）

横田洋三編著

国際機構論（絶版）

906319-25-4　C1032　　　　　　　A5判　383頁　3,107円

今の300を越える国際機構の全貌を掴み、その組織、活動について理論的体系的説明を試みた国際機構の入門書。国際機構の発展と現代国際社会を素描し、国際機構の内部組織、対外関係、活動分野が多数の図表とともに紹介されている。（1992.5）

横田洋三編著

国際機構論［補訂版］（絶版）

906319-83-1　C1032　　　　　　　A5判　383頁　3,200円

国際機構の発展と現代国際社会を素描し、国際機構の内部組織、対外関係、活動分野を多数の図表と共に紹介した国際機構の理論的実践の書。補訂版では初版1992年以降の数字などの情報を補っている。　　　　　　　　　　　　（1998.4）

横田洋三編著

新版国際機構論

87791-104-9　C1032　　　　　　　A5判　481頁　3,800円

主要略語一覧、国連平和維持活動一覧など国際機構に関わる基本的な資料をいっそう充実させた新版は、現実の姿を正確に反映するべく斯界の研究者が健筆を揮った国際機構の理論と実践の書である。　　　　　　　　　　　　　　　（2001.3）

横田洋三編著

新国際機構論

87791-139-1　C1032　　　　　　　A5判　497頁　5,200円

国際機構の内部組織、対外関係、活動分野を国際社会の変動を反映させたものにし、主要略語一覧、主要参考文献、主な国際機構、国際連合組織図、国連平和活動一覧など重要な基本的資料の充実を図った。　　　　　　　　　　　　　（2005.1）

横田洋三編著

新国際機構論・上

87791-157-X　C1032　　　　　　　A5判　283頁　2,800円

国際機構の内部組織、対外関係を国際社会の変動を反映させたものにし、主要略語一覧、主要参考文献、主な国際機構、国際連合組織図、国連平和活動一覧など重要な基本的資料の充実を図った。　　　　　　　　　　　　（2006.2）

横田洋三編著

新国際機構論・下

87791-158-8　C1032　　　　　　　A5判　289頁　2,800円

国際機構の活動分野を国際社会の変動を反映させたものにし、主要略語一覧、主要参考文献、主な国際機構、国際連合組織図、国連平和活動一覧など重要な基本的資料の充実を図った。　　　　　　　　　　　　（2006.2）

国際法

横田洋三編著
国際機構入門
906319-81-5 C1032　　　　A5判 279頁 2,800円

マスコミで報道される国際社会で起こる国際機構が関連した事件を理解する上で必要とされる基本的な枠組みと基礎的な知識を平易に解説する。法・政治・経済の視点から国際社会をとらえ直す機会を本書によって得られるものと思われる。
(1999.8)

カタリナ・トマチェフスキー（宮崎繁樹／久保田洋監訳）
開発援助と人権
906319-28-9 C1031　　　　A5判 287頁 3,107円

開発援助と人権の繋がりを検討し、人権問題は、援助国の履行状況評価のためだけでなく、開発援助の全過程で、開発援助の周辺からその中枢へと格上げされるべきことを主張。普遍的人権基準の承認と遵守義務を説く。
(1992.11)

山本武彦／藤原保信／ケリー・ケネディ・クオモ編
国際化と人権
—国際化時代における世界人権体制の創造をめざして
906319-52-1 C1031　　　　A5判 259頁 3,107円

世界的な人権状況の過去と現在を検証し、人権の国際化に最も遅れた国＝日本の人権状況との対照を通じて、人権の保障と擁護のための「世界人権体制」とも呼ぶべき制度の構築の可能性を問い、日本の果たすべき主体的割合を考える。
(1994.9)

桑原輝路
海洋国際法
906319-23-8 C1032　　　　四六判 219頁 2,136円

海洋国際法の基本書。海洋国際法の法典化、海洋の区分と分類、沿岸国の領域管轄権の及ぶ海洋、沿岸国の領域管轄の及ばない海の各分野を簡潔に叙述している。図で、海洋の区分と分類、直線基線、公海などが示され理解を助けている。(1992.3)

ディヴィド・エドワード／ロバート・レイン（庄司克宏訳）
EU法の手引き
906319-77-7 C1032　　　　A5判 287頁 3,200円

各章が簡潔で選び抜かれた言葉遣いで説明された、質の高いEU法入門書。詳細な判例、各国裁判所の判決を含んだ参照文献を項目ごとに参照することにより、読者はEU法の核心に直接ふれることができる。
(1998.1)

明石 康監訳久保田有香編訳
21世紀の国連における日本の役割
87791-119-7 C1032　　　　四六判 121頁 1,500円

マヤムード・カレム／ブリンストン・ライマン／ロスタン・メイディ／大島賢三／高橋一生／ヨゲシュ・クマール・チャギ／カレル・ゼブラコフスキーの提言に耳を傾けてみたい。
(2002.12)

明石 康監修、久保田有香／ステファン・T・ヘッセ校閲
英語版・21世紀の国連における日本の役割
87791-128-6 C1032　　　　A5判 141頁 2,000円

国連論を世界的視野で討論し、その中での日本論を展開しつつ、専門家のパネリストの発言から学問的にもまた政策的にも多くの重要な論点が提示された。本書を日本語版に留めておかず、英語版として刊行した由縁である。
(2003.9)

勝野正恒／二村克彦
国連再生と日本外交
87791-102-2 C1031　　　　A5判 201頁 2,400円

国際の平和と安全、開発途上国の経済開発、国連の財政基盤の整備など重要分野で、現状を改善し国連を立て直して行く上で、我が国が果たすべき役割を国連幹部としての経験を生かして提言する。
(2000.6)

渡部茂己
国際機構の機能と組織 (絶版)
—新しい世界秩序を構築するために
906319-51-3 C1032　　　　A5判 261頁 2,874円

冷戦締結後の国連の機能の重視と基本的人権擁護の視点から国際社会で必要とされる国際機構の機能と組織を考察する。国際機構について、一般的機能、一般的組織、個別的機能、個別的組織を論じ、新しい世界秩序の構築を展望する。
(1994.2)

国際法

渡部茂己

国際機構の機能と組織[第二版]
—新しい世界秩序を構築するために

906319-76-9　C1032　　　　　A5 判　281 頁　3,200 円

第二版では、略語表及び国連平和維持活動表を付けて教材としても使いやすくなっている。今日の国際社会で「必要」であり、対応「可能」な国際機構の役割を検討し、21 世紀以降を眺望する長期的展望を描く。
(1997.7)

松隈　潤

国際機構と法

87791-142-1　C1032　　　　　A5 判　161 頁　2,000 円

国連に関してはイラク問題を素材とし、人道問題、武力行使、経済制裁などを包括的に検討する。EU については、EC と EU の関係、防衛問題などを取り上げ、それらが国際法の発展に与えた影響を追究する。
(2005.2)

松隈　潤

人間の安全保障と国際機構

87791-176-8　C1032　　　　　A5 判　187 頁　2,000 円

人間の安全保障をキー・ワードとして、平和構築・人権保障・開発など国際社会におけるさまざまな課題に対処している国際機構の活動とそれらをめぐる法的、政治的諸問題について解明を試みた。
(2008.2)

渡部茂己編

国際人権法

87791-194-2　C2800　　　　　A5 判　289 頁　2,800 円

第 1 部で国際的な人権保護のメカニズムを、歴史、国連システム、普遍的人権条約、地域的人権条約の視点から整理し、第 2 部では「開発と人権」まで踏み込んで人権の具体的内容を解説した入門書である。
(2009.6)

大谷良雄編

共通利益概念と国際法

906319-42-4　C3032　　　　　A5 判　401 頁　3,689 円

国家主権、国際機構、国際法定立の新しい動向、国家の国際犯罪、宇宙開発、領域管轄権、国際法上の不承認、国際機構の特権及び免除、持続可能な開発、個人データの国際流通などから「共通利益」概念に接近する。
(1993.11)

中川淳司

資源国有化紛争の法過程
—新たな関係を築くために

906319-15-7　C3032　　　　　A5 判　328 頁　4,800 円

途上国の資源開発部門における外国民間直接投資を素材として、南北間で展開される私的経済活動に対する国際法の規制の実態を明らかにする。当事者の法論争過程を跡づけながら、南北格差の是正に向けての国際法の今日的役割を示す。
(1990.8)

丸山珠里

反乱と国家責任
—国家責任論における行為の国家への帰属に関する一考察

906319-36-×　C3032　　　　　A5 判　331 頁　7,767 円

国際法上の国家責任の成立要件としての「行為の国家への帰属」の法理に関する国際慣習法の現段階での成熟度を考察する。「反乱」における国際判例・法典化草案及び学説を検討し、併せて「国家責任条文草案」の妥当性を考察する。
(1992.11)

松田幹夫編

流動する国際関係の法
—寺澤一先生古稀記念

906319-71-8　C3032　　　　　A5 判　301 頁　3,800 円

現代国際法の課題を様々な角度から追求する。対日平和条約と「国連の安全保障」、国際法規の形成と国内管轄の概念、条約に基づく国内法の調和、国際裁判における事実認定と証拠法理、制限免除主義の確立過程、自決権の再考その他。
(1997.5)

横田洋三

国際機構の法構造

87791-109-×　C3032　　　　　A5 判　467 頁　5,800 円

国際機構に関する一般的理論的論文、国際機構の内部法秩序に関する論文、国際金融機関の法構造に関する論文さらに国際機構と地球的課題に関する論文など国際機構の法構造に関する筆者年来の研究の軌跡を集大成。
(2001.3)

国際法

横田洋三編

国連による平和と安全の維持
―解説と資料

87791-094-8　C3032　　　　　　A5判　841頁　8,000円

本書は、国連による国際の平和と安全の維持の分野の活動を事例ごとに整理した資料集である。地域ごとに年代順に事例を取り上げ、①解説と地図、②資料一覧、③安保理などの主要資料の重要部分の翻訳を載せた。
(2000.2)

横田洋三編

国連による平和と安全の維持
―解説と資料　第二巻

87791-166-9　C3032　　　　　　A5判　861頁　10,000円

本巻は、見直しを迫られている国連の活動の展開を、1997年以降2004年末までを扱い、前巻同様の解説・資料と併せて重要文書の抄録も掲載し、この分野における全体像を理解できるように配慮した。
(2007.2)

秋月弘子

国連法序説
―国連総会の自立的補助機関の法主体性に関する研究

906319-86-6　C3032　　　　　　A5判　233頁　3,200円

国連開発計画、国連難民高等弁務官事務所、国連児童基金を対象として国連という具体的な国際機構の補助機関が締結する「国際的な合意文書」の法的性格を考察することによって、補助機関の法主体性を検討する。
(1998.3)

桐山孝信／杉島正秋／船尾章子編

転換期国際法の構造と機能

87791-093-X　C3032　　　　　　A5判　601頁　8,000円

［石本泰雄先生古稀記念論文集］地球社会が直面している具体的諸課題に即して国際秩序転換の諸相を構造と機能の両面から分析する。今後の国際秩序の方向の学問的展望を通じて現代日本の国際関係研究の水準を次の世紀に示す。
(2000.5)

関野昭一

国際司法制度形成史論序説
―我が国の外交文書から見たハーグ国際司法裁判所の創設と日本の投影

87791-096-4　C3032　　　　　　A5判　375頁　4,800円

常設国際司法裁判所の創設に際しての我が国の対応を外交文書・関連資料に基づいて検討し、常設国際司法裁判所が欧米的「地域」国際裁判所に陥ることから救い、裁判所に「地域的普遍性」を付与したことを本書は明らかにする。
(2000.3)

横田洋三／山村恒雄編著

現代国際法と国連・人権・裁判

87791-123-5　C3032　　　　　　A5判　533頁　10,000円

［波多野里望先生古稀記念論文集］「法による支配」を目指す現代国際法は21世紀に入り、危機に直面しているとともに新たなる理論的飛躍を求められている、本書は国際機構、人権、裁判の角度からの力作論文集である。
(2003.5)

秋月弘子・中谷和弘・西海真樹　編

人類の道しるべとしての国際法
［平和、自由、繁栄をめざして］

87791-221-5　C3032　　　　　　A5判　703頁　10,000円

［横田洋三先生古稀記念論文集］地球共同体・人権の普遍性・正義・予防原則といった国際人権法、国際安全保障法、国際経済法、国際環境法などの国際法理論の新しい潮流を探り、21世紀国際法を展望する。
(2011.10)

小澤藍

難民保護の制度化に向けて

87791-237-6　C3031　　¥5600E　A5判　405頁　5,600円

難民保護の国際規範の形成・拡大とりわけOSCEおよびUNHCRの協力、EUの難民庇護レジームの形成・発展を跡付け、難民保護の営為が政府なき世界政治における秩序形成の一環であることを示唆する。
(2012.10)

掛江朋子

武力不行使原則の射程
―人道目的の武力行使の観点から

87791-239-0　C3032　　　　　　A5判　293頁　4,600円

違法だが正当言説、妥当基盤の変容、国連集団安全保障制度、「保護する責任論」、2005年世界サミット、安保理の作業方法、学説などの分析を通して、人道目的の武力行使概念の精緻化を追究する。
(2012.11)

国際法

東　壽太郎・松田幹夫編

国際社会における法と裁判

87791-263-5　C1032　　　　A5判　325頁　2,800円

尖閣諸島・竹島・北方領土問題などわが国を取り巻く諸課題解決に向けて、国際法に基づいた国際裁判は避けて通れない事態を迎えている。組織・機能・実際の判決例を示し、国際裁判の基本的知識を提供する。
(2014.11)

渡部茂己・望月康恵編著

国際機構論［総合編］

87791-271-0　C1032　　　　A5判　331頁　2,800円

「総合編」、「活動編」「資料編」の3冊本として順次出版予定。「総合編」としての本書は、歴史的形成と発展、国際機構と国家の関係、国際機構の内部構成、国際機構の使命など第一線で活躍している専門家が詳説。
(2015.10)

松隈　潤

地球共同体の国際法

87791-294-9　C1032　￥2000E　A5判　193頁　2,000円

「地球共同体の価値・利益」を保護する法の発展という現象に着目し、国際法の履行確保に関し国際機構論などの先行研究に依拠しつつ、各分野の「課題の所在」を確認し、「地球共同体の国際法」の可能性を追う。
(2018.9)

波多野里望／松田幹夫編著

国際司法裁判所
—判決と意見第1巻（1946-63年）

906319-90-4　C3032　　　　A5判　487頁　6,400円

第1部判決、第2部勧告的意見の構成は第2巻と変わらず、付託事件リストから削除された事件についても裁判所年鑑や当事国の提出書類などを参考にして事件概要が分かるように記述されている。
(1999.2)

波多野里望／尾崎重義編著

国際司法裁判所
—判決と意見第2巻（1964-93年）

906319-65-7　C3032　　　　A5判　561頁　6,214円

判決及び勧告的意見の主文の紹介に主眼を置き、反対意見や分離（個別）意見は、必要に応じて言及する。事件概要、事実・判決・研究として各々の事件を紹介する。巻末に事件別裁判官名簿、総名簿を載せ読者の便宜を図る。
(1996.2)

波多野里望／廣部和也編著

国際司法裁判所
—判決と意見第3巻（1994-2004年）

87791-167-6　C3032　　　　A5判　621頁　8,000円

第二巻を承けて2004年までの判決および意見を集約し、解説を加えた。事件概要・事実・判決・主文・研究・参考文献という叙述はこれまでの形式を踏襲し、索引もまた読者の理解を助ける努力が施されている。
(2007.2)

横田洋三／廣部和也編著

国際司法裁判所
—判決と意見第4巻（2005-2010年）

87791-276-5　C3032　　　　A5判　519頁　6,000円

1999年刊行を開始し、いまや国際法研究者必読の書として親しまれている。第4巻は2005-2010年までの国際司法裁判所の判決および勧告的意見を取上げ、事件概要・事実・判決・研究を紹介する
(2016.8)

横田洋三／東壽太郎／森喜憲編著

国際司法裁判所
—判決と意見第5巻

87791-286-4　C3032　　　　A5判　539頁　6,000円

本書は2011～2016年までの国際司法裁判所が出した判決と勧告的意見の要約および開設を収録している。判決・勧告的意見の本文の紹介を主な目的とし、反対意見・分離意見は必要に応じて「研究」で言及した。
(2018.1)

横田洋三訳・編

国際社会における法の支配と市民生活

87791-182-9　C1032　　　　四六判　131頁　1,400円

［ifUNUレクチャー・シリーズ①］　東京の国際連合大学でおこなわれたシンポジウム「より良い世界に向かって－国際社会と法の支配」の記録である。本書は国際法、国際司法裁判所が市民の日常生活に深いかかわりがあることを知る機会を提供する。
(2008.3)

国際法

内田孟男編
平和と開発のための教育
—アジアの視点から

87791-205-5　C1032　　　　　　　A5判　155頁　1,400円

［*jf*UNU レクチャー・シリーズ②］　地球規模の課題を調査研究、世界に提言し、それに携わる若い人材の育成に尽力する国連大学の活動を支援する国連大学協力会（jfUNU）のレクチャー・シリーズ②はアジアの視点からの「平和と開発のための教育」　　　　　　　　　　　　（2010.2）

井村秀文編
資源としての生物多様性

87791-211-6　C1032　　　　　　　A5判　181頁　1,400円

［*jf*UNU レクチャー・シリーズ③］　気候変動枠組み条約との関連を視野にいれた「遺伝資源としての生物多様性」をさまざまな角度から論じており、地球の生態から人類が学ぶことの広さおよび深さを知らされる。　　　　　　　　　　　　　（2010.8）

加来恒壽編
グローバル化した保健と医療
—アジアの発展と疾病の変化

87791-222-2　C3032　　　　　　　A5判　177頁　1,400円

［*jf*UNU レクチャー・シリーズ④］　地球規模で解決が求められている緊急課題である保健・医療の問題を実践的な視点から、地域における人々の生活と疾病・保健の現状に焦点を当て社会的な問題にも光を当てる。　　　　　　　　　　　（2011.11）

武内和彦・勝間　靖編
サステイナビリティと平和
—国連大学新大学院創設記念シンポジウム

87791-224-6　C3021　　　　　　　四六判　175頁　1,470円

［*jf*UNU レクチャー・シリーズ⑤］　エネルギー問題、生物多様性、環境保護、国際法といった視点から、人間活動が生態系のなかで将来にわたって継続されることは、平和の実現と統一されていることを示唆する。　　　　　　　　　（2012.4）

武内和彦・佐土原聡編
持続可能性とリスクマネジメント
—地球環境・防災を融合したアプローチ

87791-240-6　C3032　　　　　　　四六判　203頁　2,000円

［*jf*UNU レクチャー・シリーズ⑥］　生態系が持っている多機能性・回復力とともに、異常気象、東日本大震災・フクシマ原発事故など災害リスクの高まりを踏まえ、かつグローバル経済の進展をも考慮しつつ自然共生社会の方向性と課題を考える。　　　　　　　　　　　　　　　　（2012.12）

武内和彦・中静　透編
震災復興と生態適応
—国連生物多様性の10年とRIO + 20に向けて

87791-248-2　C1036　　　　　　　四六判　192頁　2,000円

［*jf*UNU レクチャーシリーズ⑦］　三陸復興国立公園（仮称）の活かし方、生態適応の課題、地域資源経営、海と田からのグリーン復興プロジェクトなど、創造的復興を目指した提言を展開する。　　　　　　　　　　　　　　　　（2013.8）

武内和彦・松隈潤編
人間の安全保障
—新たな展開を目指して

87791-254-3　C3031　　　　　　　A5判　133頁　2,000円

［*jf*UNU レクチャー・シリーズ⑧］　人間の安全保障概念の国際法に与える影響をベースに、平和構築、自然災害、教育開発の視点から、市民社会を形成していく人間そのものに焦点を当てた人材を育てていく必要性を論ずる。　　　　　（2013.11）

武内和彦編
環境と平和
—より包括的なサステイナビリティを目指して

87791-261-1　C3036　　　　　　　四六判　153頁　2,000円

［*jf*UNU レクチャー・シリーズ⑨］　「環境・開発」と「平和」を「未来共生」の観点から現在、地球上に存在する重大な課題を統合的に捉え、未来へバトンタッチするため人類と地球環境の持続可能性を総合的に探究する。　　　　　　（2014.10）

勝間　靖編
持続可能な地球社会めざして：わたしのSDGsへの取組み

87791-292-5　C3032　¥2000E　　　四六判　219頁　2,000円

［*jf*UNU レクチャー・シリーズ⑩］　本書ではSDGs実現に向けて世界各地で政府のみならず草の根にいたるさまざまなレベルでの取組みが紹介されており、国連大学の修了生たちの活動が生き生きと語られている。　　　　　　　　　　　（2018.9）

国際法

日本国際連合学会編
21 世紀における国連システムの役割と展望

87791-097-2 C3031　　　　　A5 判　241 頁　2,800 円

[国連研究①] 平和・人権・開発問題等における国連の果たす役割、最近の国連の動きと日本外交のゆくえなど「21 世紀の世界における国連の役割と展望」を日本国際連合学会に集う研究者たちが縦横に提言する。　　　　　　　　(2000.3)

日本国際連合学会編
人道的介入と国連

87791-106-5 C3031　　　　　A5 判　265 頁　2,800 円

[国連研究②] ソマリア、ボスニア・ヘルツェゴビナ、東ティモールなどの事例研究を通じ、現代国際政治が変容する過程での「人道的介入」の可否、基準、法的評価などを論じ、国連の果たすべき役割そして改革と強化の可能性を探る。　(2001.3)

日本国際連合学会編
グローバル・アクターとしての国連事務局

87791-115-4 C3032　　　　　A5 判　315 頁　2,800 円

[国連研究③] 国連システム内で勤務経験を持つ専門家の論文と、研究者としてシステムの外から観察した論文によって、国際公務員制度の辿ってきた道筋を振り返り、国連事務局が直面する数々の挑戦と課題とに光を当てる。　　(2001.5)

日本国際連合学会編
国際社会の新たな脅威と国連

87791-125-1 C1032　　　　　A5 判　281 頁　2,800 円

[国連研究④] 国際社会の新たな脅威と武力による対応を巡って、「人間の安全保障」を確保する上で今日、国際法を実現するために国際連合の果たすべき役割を本書では、様々な角度から追究・検討する。　　　　　　　　　　(2003.5)

日本国際連合学会編
民主化と国連

87791-135-9 C3032　　　　　A5 判　344 頁　3,200 円

[国連研究⑤] 国連を初めとした国際組織と加盟国の内・外における民主化問題について、国際連合および国際組織の将来展望を見据えながら、歴史的、理論的に、さらに現場の眼から考察し、改めて「国際民主主義」を追究する。　　(2004.5)

日本国際連合学会編
市民社会と国連

87791-147-2 C3032　　　　　A5 判　311 頁　3,200 円

[国連研究⑥] 本書では、21 世紀市民社会の要求を実現するため、主権国家、国際機構、市民社会が建設的な対話を進め、知的資源を提供し合い、よりよい国際社会を築いていく上での知的作用が展開される。　　　　　　　　　　(2005.5)

日本国際連合学会編
持続可能な開発の新展開

87791-159-6 C3200E　　　　A5 判　339 頁　3,200 円

[国連研究⑦] 国連による国家構築活動での人的側面・信頼醸成活動、平和構築活動、あるいは持続可能性の目標および指標などから、持続可能的開発の新しい理論的、実践的な展開過程を描き出す。　　　　　　　　　　　(2006.5)

日本国際連合学会編
平和構築と国連

87791-171-3 C3032　　　　　A5 判　321 頁　3,200 円

[国連研究⑧] 包括的な紛争予防、平和構築の重要性が広く認識されている今日、国連平和活動と人道援助活動との矛盾の克服など平和構築活動の現場からの提言を踏まえ、国連による平和と安全の維持を理論的にも追究する。　　　(2007.6)

日本国際連合学会編
国連憲章体制への挑戦

87791-185-0 C3032　　　　　A5 判　305 頁　3,200 円

[国連研究⑨] とりわけ今世紀に入り、変動着しい世界社会において国連もまた質的変容を迫られている。「国連憲章体制への挑戦」とも言える今日的課題に向け、特集とともに独立論文、研究ノートなどが理論的追究を展開する。　　(2008.6)